Édité et publié par Suzanna WARD

DÉDICACE

A tous ceux qui ont semé des pierres sur mon chemin,

Merci. Vos obstacles ont pavé la route de ma résilience, m'ont appris à danser dans la tempête et à trouver l'inspiration au cœur du chaos. Vous êtes les personnages invisibles qui ont nourri ce récit, et sans vos défis, je n'aurais jamais découvert la force qui sommeillait en moi.

À mes premiers lecteurs,

Ma mère et mon père, dont les yeux ont parcouru ces pages bien avant qu'elles ne prennent leur forme finale. Mes grand-mères Veta et Valya, mon grand-père Anatoli, et les autres membres de ma famille, Tania, Ségo, Mikael, et Elina — votre soutien et vos encouragements ont été ma boussole.

Et enfin, à mon mari Samuel,

Si j'ai écrit ce livre à 15 ans, c'est grâce à toi que ce rêve s'est finalement concrétisé. Tu es la lumière qui a éclairé ma vie quand tout autour de moi n'était qu'obscurité. Les heures et les nuits blanches que tu as passées à traduire, corriger, mettre en forme et publier ce roman avec moi ne sont rien comparées à l'amour et à la confiance que tu as investis en moi. Tu es la raison pour laquelle ce livre a vu le jour. Je t'adore plus que tout.

Avec tout mon amour et ma gratitude,

Suzanna WARD

A PROPOS DE
SUZANNA WARD

Suzanna WARD, née GRIGORIANTS le 28 avril 2004 et mariée à Samuel WARD, est une figure de résilience et de détermination. Suzanna est le parfait exemple de quelqu'un qui a transformé ses luttes en forces, démontrant que le potentiel humain est sans limites lorsqu'il est canalisé de manière constructive.

Sa vie a été pleine de défis et d'obstacles depuis son enfance. Devenue réfugiée à l'âge de 10 ans à cause d'un conflit armé, elle a assumé très jeune des responsabilités familiales. Malgré cela, elle a fait preuve d'une maturité et d'une compétence hors du commun, notamment en enseignant, entre ses 13 et 18 ans, trois langues à des enfants et des adultes dans le cadre d'une association.

À 18 ans, Suzanna a subi des pertes dévastatrices, notamment familiales et matérielles. Cependant, elle s'est relevée et a commencé ses études de psychologie à l'Université Rennes 2, tout en suivant une formation en immobilier en ligne. En 2022, elle est devenue présidente d'une association artistique et culturelle et a entamé un service civique en janvier 2023.

Sa trajectoire multidimensionnelle est amplifiée par sa quête personnelle de guérison et de compréhension de la psychologie humaine, ce qui l'a amenée à se concentrer sur les troubles de la personnalité et les dynamiques interpersonnelles dans ses études.

Suzanna est également active dans le monde artistique et culturel, avec une réputation croissante en tant qu'écrivaine et artiste. Ses peintures sont une cartographie émotive de l'expérience humaine, tandis que ses écrits agissent comme des miroirs introspectifs, explorant les recoins complexes de la psyché humaine. Elle a même fondé son propre blog de psychologie et offre ses services en tant que life-coach depuis son site suzannaward.fr, enrichissant chaque page avec ses propres expériences et ses perspicacités profondes sur l'esprit humain.

Son premier roman, "Les Rêves d'Indila", qu'elle a écrit à 15 ans, est un récit fascinant qui explore les vies de personnages doués de talents singuliers et confrontés à des défis colossaux. Avec une richesse narrative et une profondeur émotionnelle, le livre vous emmène dans un voyage à travers le mysticisme, l'amour, la trahison, et la force intérieure, offrant à ses lecteurs une expérience aussi poignante qu'enrichissante.

CONTENTS

INTRODUCTION : INDILA

Indila marchait dans les rues, mais dans sa tête la même phrase, entendue dans son rêve, tournait : "les morts-vivants et les vivants-morts". Elle ne comprenait pas ce que cela signifiait et avançait simplement. Elle atteignit un très haut gratte-ciel et leva la tête pour regarder les étages supérieurs du bâtiment en verre. Soudain, une voiture noire luxueuse s'arrêta et se gara. Un grand homme en costume en sortit, se disputant avec quelqu'un, tenant à la main une valise plate et noire. Indila le vit devant elle, mais pour une raison inconnue, il lui semblait qu'il n'était pas là. Elle ne ressentait pas sa présence. Depuis plusieurs minutes, il agitait les bras et criait dans le vide. "Est-ce qu'il voit quelqu'un ici que je ne vois pas ? Ou est-il fou ?", lui traversa l'esprit, et elle décida de vérifier. En s'approchant de lui, elle remarqua qu'un fil bouclé sortait de son oreille. Cette fois, une autre pensée lui traversa la tête "Peut-être que c'est un extraterrestre ?

Comme ceux qu'on voyait dans le dessin animé à l'orphelinat ?". Elle devînt encore plus curieuse :

—Excusez-moi ! Hé oh !, mais "l'extraterrestre", n'apercevant pas la fillette, continuait à prouver quelque chose à l'air.

—Tu m'entends ? insistait-elle.

L'ayant attrapé par la veste, elle se mit à tirer fort :

—C'est quoi cette antenne que tu as ?

S'arrêtant brusquement et en grimaçant, "l' extraterrestre"

demanda abasourdi:

—Quelle antenne?

—Celle-là! Qui sort de ton oreille!, répondit l'enfant avec une sincère surprise.

—Ce n'est pas une antenne, mais le bluetooth!, dit-il assez fort avec reproche, tout en continuant de se disputer avec son interlocuteur.

—Bluetousssss..., répéta doucement la fillette, et ne sentant toujours pas la présence de cette grande personne, continua son interrogatoire. Tu parles avec qui?

—Je... Avec... N'y pense même pas! Avec lui-là, comment s'appelle... Si l'affaire est annulée, le patron me dévorera tout cru[1]! Avec... bref un collègue! Oui, j'ai fait le rapport!

—Et du coup, à qui tu parles?

—Mais quel enfant embêtant, je te l'ai dit, avec un collègue! Non, tu n'es pas un enfant, c'est pas à toi que je parle. Je te dis que j'ai fait le rapport encore hier!

—Est-ce celui qui te dévorera tout cru?, la pauvre fille fût complètement confuse.

—Au contraire, te dis-je!

—C'est toi qui le dévoreras? demanda-t-elle avec une innocence enfantine.

—J'ai dit: au contraire! Pendant combien de temps tu vas encore..., puis en se détournant, Mais comment puis-je savoir pourquoi ils l'ont pas reçu, je t'ai dit que je l'ai envoyé hier soir. Mais non, je n'étais pas en boîte! Combien tu vas encore m'obséder pour ce foutu rapport?

"Obséder, dévorer...Il doit parler à un mauvais esprit", pensa-t-elle et se rappela sa toute première question:

—T'es qui, en fait?

—Moi? Je, je... Je... personne! Je n'ai pas le temps! cria-t-il en marchant rapidement au bâtiment de verre.

"Il a même déjà perdu sa personnalité, il ne sait même pas qui il est... Son corps est à sa place, mais son esprit se promène dans ce bâtiment", elle regarda une fois de plus le gratte-ciel, "pourquoi ne veut-il pas les réunir? Il croit qu'il vit, mais il ne fait qu'exister. Une sorte de vivant-mort! Certainement un extraterrestre!" rit la petite fille en continuant sa promenade.

En marchant, elle voyait des enfants déambuler main dans la main avec leurs parents. "Qu'est-ce qu'ils sont chanceux, ils ont quelqu'un qui les aime et qui les aimera toujours!" effleura la petite tête toujours pensante.

—Chacun a son propre chemin, je le sais, mais pourquoi c'est le mien qui est si dur? Pourquoi je suis seule?

Pourquoi? cria-t-elle en s'effondrant contre le mur. Levant accidentellement les yeux, elle vit un panneau, où il était écrit qu'il s'agissait d'une association. "Ce doit être celle qui distribue les enfants aux orphelinats", Indila eut ses pensées bousculées. Elle se leva brusquement et s'échappa le plus loin possible de cet endroit, s'étant elle-même, enfui d'un orphelinat.

En réalité, elle vivait dans un orphelinat depuis déjà quelques années et elle s'y sentait bien. Elle passait tout son temps libre avec une dame qui vivait à côté de l'orphelinat et venait souvent aider. Emmaguiliampia, ou comme tout le monde l'appelait Mère Emma, tenait sa boutique, où elle amenait souvent Indila. Tous ceux qui venaient là trouvaient ce qu'ils cherchaient.

Mère Emma était une femme très sage, elle se distinguait par sa capacité à apparaître au bon moment, au bon endroit, et à aider celui qui avait besoin de son aide: elle pouvait guérir les gens, parfois même juste avec un conseil, ou par un mot doux. Elle était vraiment une personne sainte, et elle aimait, inconditionnellement, tous les enfants. Elle leur enseignait avant tout la vie et l'amour. Tous les enfants, sans exception, l'aimaient autant pour sa sagesse et sa gentillesse. C'est peut-être grâce à cet environnement magique que le plus grand rêve d'Indila était de devenir magicienne, car comme ça, elle pourrait réaliser tous ses rêves et ceux des autres.

Un jour tout à fait ordinaire, Mère Emma dit:

—Je suis très heureuse d'avoir été avec vous, et j'espère que j'ai réussi à semer des graines d'amour dans vos cœurs. Ma mission est terminée. Il ne faut pas que je vous manque, je vivrai toujours dans vos cœurs, et elle sourit, comme elle souriait toujours, avec beaucoup d'amour et de gentillesse.

En partant, Mère Emma salua personnellement tous les enfants et donna à chacun d'eux une enveloppe avec des souhaits et un message pour l'avenir. Elle conseilla de les conserver et de les relire une fois grands et prêts à comprendre le sens de ces messages. Tout le monde avait plusieurs phrases écrites, alors qu'Indila n'avait que "Nous nous reverrons".

Elle avait dit à plusieurs reprises à la fillette qu'elle était une enfant singulière, peut-être à cause de ses rêves particuliers. Parfois ils étaient prémonitoires, parfois ils étaient pleins de symbolisme, ce qui intéressait Mère Emma. Toutes les deux, elles avaient, depuis longtemps, pris l'habitude de se retrouver le matin pour décrypter les rêves d'Indila. Mais c'était loin d'être sa seule singularité. Indila sentait qu'il y avait quelque chose d'unique en elle, mais elle ne savait pas quoi. Elle se distinguait certainement des autres enfants par le fait qu'elle ne s'intéressait pas à eux. Elle préférait les conversations d'adultes. De plus, elle était très présomptueuse et têtue, mais semblait obéissante à tout le monde. Probablement parce qu'elle prenait les paroles des autres pour des conseils, plutôt que des instructions et faisait ce qu'on lui disait, si elle-même y adhérait.

Les rumeurs selon lesquelles Mère Emma avait quitté son corps se répandirent rapidement dans toute la ville. Emmaguiliampia était tout pour Indila : mère, amie, mentore.

Maintenant que Mère Emma partit, rien d'autre ne la retenait à l'orphelinat, lieu plein d'enfants privés de liberté et de choix. Ce matin-là, Indila s'enfuit.

La jeune fille, sans se retourner, courait au plus loin de l' association. Sur la gauche, elle vit l'entrée du parc municipal, dans lequel elle tourna immédiatement. Il était plein d'arbres, c'est pourquoi elle l'appelait "Forêt". Quelque chose l'attirait en elle. Et encore une fois, la pensée des morts-vivants et des vivants-morts commença à la tourmenter. Dans son esprit, elle cria de tout son cœur : "Qu'est-ce que cela signifie ?".

À sa grande surprise, la réponse lui vint : "N'étant pas en

pleine conscience, nous cessons de vivre. Le temps passe, mais on ne s'en aperçoit pas. On grandit, on vieillit, on meurt... et on ne voit pas la vie. Mais nous avons le choix de vivre la vie de façon à ce qu'on se souvienne de nous, et acquérir l'immortalité".

—J'ai compris! J'ai tout compris! La petite fille s'exclamait de toutes ses forces.

"Cet homme était un vivant-mort: il ne vit pas consciemment!

Alors que Mère Emma est un mort-vivant. Elle a maintenant l'immortalité parce que nous nous souvenons d'elle. Parce que je me souviendrai d'elle toujours!".

CHAPITRE 1 : EN QUÊTE DE NOUVEAU FOYER...

Cela fait déjà plusieurs jours que Indila passe la nuit par-ci, par-là. Elle aime vraiment la "Forêt" et sa décision finale fût de s'installer ici. La fillette se posa une nouvelle question: "Hmm... Avec quoi est-ce que je pourrais me construire un lit?". Elle n'avait que quelques pièces en poche: elle en trouvait parfois dans la rue ou dans les magasins. Puis Indila se souvint qu'elle avait entendu parler quelque part de foires à tout: "On dit que là-bas tout s'achète pour pas cher. Mais où est-ce? En plus j'ai si faim!".

La fillette partît au centre-ville, où elle trouva un marché. Se baladant le long des rangées, elle goûtait toutes sortes de légumes et de fruits, que les vendeurs proposaient volontiers à déguster pour attirer les acheteurs.

Une mamie était assise au bout du marché. Elle tricotait et ne prêta pas immédiatement attention à la petite fille se tenant devant elle. Indila fût fascinée par le processus de tricotage, et pendant plusieurs minutes, elle contemplait les mouvements des mains de la grand-mère. Ses grands yeux verts devenaient de plus en plus grands et immobiles. Soudain, une femme s'approcha et dit d'une voix forte :

—Ah, enfin du lait maison ! Puis-je en avoir quelques litres ?

Indila sursauta de surprise.

—Mais je vous en prie. Passez-moi le bocal, la grand-mère prît l'argent, le bocal et versa du lait, Voilà pour vous.

Quand la femme partit, la grand-mère se tourna vers la

fillette :

—On dirait que ça te plaît ?

—Oui, beaucoup, répondit l'enfant avec une véritable fascination.

—Si tu veux, je peux t'apprendre...

Indila fit rapidement le tour des tables et s'assit sur la boîte que la grand-mère lui indiqua.

—Regarde, tu prends cette aiguille à tricoter et tu l'enroules comme ça. Puis, comme ça, tu passes par ces deux boucles, et tu baisses la troisième, tu vois ?

—Oui ! C'est cool, on peut se tricoter ses propres vêtements ! s'exclama la petite et recula en imitant le froid, Ou même se faire une couverture, il fait si froid la nuit !

—Fillette, comment t'appelles- tu ?

—Indila.

—Et je suis *Babouchka*[2] Louba, tu es "à qui" ?

—A personne.

—Comment cela ? A personne personne ?

—Personne du tout !, Les grands yeux fixèrent la grand-mère.

—Comment ça ? Est-ce possible qu'un enfant ne soit à personne ? Où habites-tu, ma puce ?

—En vrai... Eh bien... Nulle part en fait. Ou plutôt, peut-être dans la forêt !

—Que tu es drôle ! Où as-tu trouvé une forêt par ici ?

—Eh bien... c'est moi qui l'ai appelé comme ça. Sur le panneau c'est écrit "parc mou-ni-pi-ci-pal" !

—Ce ne serait pas plutôt "municipal" ?

—Si, voilà.

—Et donc, tu vis là-bas!?, s'exclama la grand-mère, effrayée.

—Bah… Oui. Mais il ne faut pas que l'assation l'apprenne. Je veux dire… l'association! Ils vont me renvoyer à l'orphelinat! dit Indila d'une traite.

—Bon… d'accord, la grand-mère était choquée par la tournure du récit, mais décida d'en apprendre davantage sur la petite. Veux-tu un peu de lait?

La fillette hocha la tête.

—Ça vient de ma vache, dit mamie en souriant. Tiens, prends-en avec une boulotchka.

—Merci beaucoup, *Babouchka* Louba!

Après avoir mangé, Indila osa demander:

—Je cherche la foire à tout, on dit qu'on peut tout y acheter pour pas cher… Je ne sais pas où c'est.

—Eh bien, le marché aux puces n'est pas loin d'ici, en effet. Tu passes par deux carrefours et c'est sur la droite. La question est de savoir ce que tu y cherches.

—J'ai besoin d'un hamac pour l'attacher aux arbres pour dormir dessus!

—Parce que tu as de l'argent aussi?

—Quelques pièces… J'espère que ça suffira.

—Bon, après réflexion, grand-mère Louba décida de se prendre au jeu, Si tu veux, je ramène le reste des produits à la maison après le marché et nous pourrons y aller ensemble? Ou je peux demander qu'on s'occupe des marchandises et on y va. Tu ne vas pas dormir sur l'herbe quand même!

—C'est très agréable sur l'herbe, vraiment. Mais il fait un peu froid…

—Pauvre enfant! chuchota mamie, le cœur serré. N'aimerais-tu pas vivre dans une famille?

—Bien sûr que si! Mais dans une bonne, une qui ne me quittera pas!

—Nina, Ni-ina! Tu pourrais jeter un œil sur mes marchandises, s'il te plaît? Je dois accompagner l'enfant.

—Pas de problème, Louba. Vas-y, je m'en occupe, dit la voisine de mamie Louba.

—Merci, ma chère, merci. Allons-y, se tourna-t-elle vers Indila.

En cinq minutes, elles étaient déjà sur place. En marchant rapidement le long des rangées, toutes deux réalisèrent qu'il n'y avait aucun hamac. La fillette avait l'air fort déçue.

—Bon, écoute, comment tu t'appelles, tu dis?

—Indila.

—Indila, mon enfant, ne t'attriste pas. On va trouver une solution... Tu sais, mon fils m'avait dit qu'une femme voulait adopter un enfant...

—Elle est gentille? se précipita de demander la petite fille.

—Oh, je ne sais pas, il ne la connaît pas vraiment, et je ne l'ai pas vue depuis longtemps. Je vais appeler mon fils et lui demander, d'accord? la grand-mère sortit le téléphone, et les longues sonneries faisaient clairement comprendre que le jeune homme était occupé au travail.

La grand-mère, connaissant son fils, était déjà désespérée de le voir décrocher rapidement, et cherchait déjà une manière d'expliquer cela à l'enfant, quand soudain le miracle se produisit: il décrocha. Mamie Louba commença la conversation:

—*Sinok*[3]... Oui, tout va bien... Oui, je vais bien... Non, ce n'est pas pour ça que je t'appelle... Oui... Tu te souviens, l'autre jour tu m'as dit que la sœur de l'ancienne camarade de classe de la femme de Dédé cherche un enfant à adopter... Eh bien, je m'en suis souvenu... Parce que là, devant moi, il y a une enfant, une fille de sept ans environ, bien élevée, gentille,

5

intelligente… Oui, je devais être au marché, mais je suis ici au marché aux puces à deux cents mètres… Je sais que tu m'avais demandé de te prévenir, mais je ne suis pas un enfant, oh là là, alors que devant moi se tient une vraie enfant sans-abri… Mais non, je n'appellerai pas la protection de l'enfance! Je te parle de la camarade de la femme de… D'accord… Tu viendras? Bon, d'accord. Allez, à plus.

—Alors, elle va m'adopter?, la question sortit instantanément de la bouche de la fillette, qui, à l'instant encore, était très réservée.

—Allons ranger les marchandises, *Pavlik*[4] va venir chez moi, et on réglera ça là-bas.

—Elle vient aussi?

—Qui "elle"?

—Celle qui va m'adopter, bien sûr!

—Mais voyons, ce n'est pas certain! Comprends-moi, mon enfant, elle ne sait rien encore. Mon fils, *Pavlik*, va venir, je lui expliquerai tout, puis il la contactera et nous verrons ce qui se passera.

—Aah, je vois, prononça tristement la fille.

—Voilà, nous y sommes. Tu peux m'aider à ranger, s'il te plaît?

—Bien sûr! la petite fille répondit enfin joyeusement.

—Tiens, Louba, voilà de l'argent pour toi. On t'a acheté deux petits fromages ronds et un grand fromage de chèvre. Oh, et un litre de lait, aussi. Je leur ai donné les prix habituels, dit Nina.

—Oh, merci beaucoup, tu m'as bien aidée! répondit mamie Louba et prit l'argent.

Elle offrit un fromage à sa voisine Nina. Puis, avec Indila, elles préparèrent de grands sacs et partirent à la maison, qui était assez éloignée.

Dans la cour, il y avait deux vaches, plusieurs chèvres, de nombreuses poules dans le poulailler et un gros chien. Lorsque la propriétaire et Indila entrèrent, le chien se mit à aboyer fortement et effraya la petite fille qui n'avait pas vu d'animaux depuis longtemps. Indila laissa tomber les sacs et sauta en arrière en se heurtant contre la grand-mère.

—Oh, j'ai pas fait exprès! C'était par accident! J'espère que rien n'est cassé!, paniqua la fillette.

La grand-mère posa les sacs à son tour, et serra l'enfant contre elle:

—Qu'est-ce qui a pu se casser là-dedans? Il n'y a que du fromage et des pelotes de laine! rit-elle en rassurant l'enfant.

Elles eurent à peine le temps de rentrer dans la maison qu'une voiture blanche s'arrêta et émit un signal sonore.

—Oh! C'est mon *Pavlik* qui est arrivé, sourit mamie Louba.

Un jeune homme d'apparence de vingt-cinq ans sortit de la voiture et s'empressa de prendre les sacs des mains de la grand-mère:

—Où veux-tu que je pose ça?

—La-bas! Mets-les dans la cuisine, répondit mamie, Bonjour, *sinok*!

—Oh oui, bonjour, maman, il amena les sacs dans la cuisine et continua à vociférer. Qu'est-ce qui se passe ici? Dis-moi, on va régler ça vite-fait et je vais y aller. J'ai beaucoup de travail...

Une forte averse commença dehors...

—Attends une minute, *Pavlik*! Assieds-toi et prends une tasse de thé.

—Je n'ai pas le temps... Quoique bon. Je vais m'asseoir pendant cinq minutes sans courir dans tous les sens, rit Pavel. Qu'est-ce qui vous arrive alors?, Il jeta un coup d'œil à la petite fille, qui devait lui arriver à la taille, se tenant dans l'embrasure de la porte avec un gros sac. Hé, c'est pas trop lourd ça, pour toi? Donne-moi ça! il prit le sac et le mit près du placard de la cuisine.

—Entre, ma belle, dit affectueusement la grand-mère à Indila, je te présente *Pavlik*.

—Salut!, s'exclama *Pavlik*. Alors, qui est-ce donc?

—C'est la fillette que j'ai rencontrée au marché: Indila. Elle était ébahie par mon tricotage, puis j'ai appris qu'elle vivait dans le parc! Tu te rends compte? Une enfant qui dort dans la rue! Que font les autorités?

—Ils font certainement des choses. L'enfant, de toute évidence, a dû être dans un orphelinat avant, n'est-ce pas?, le jeune homme posa cette question sans détours.

—Si… Mais je n'y retournerai plus! Plus jamais!

—Je pense que tu vas y retourner et au plus vite! Personnellement, je ne veux pas de problèmes! répondit sévèrement Pavel.

—Non! Vu que Mère Emma n'y est plus, moi non plus je n'y reste plus!, cria Indila avec toute sa fureur.

—Mais qui…, il était sur le point de continuer quand mamie Louba intervint.

—*Pavlik*! Calme-toi de suite!

—Me calmer? De un, qui sait, si ça se trouve c'est une voleuse! Et de deux, es-tu au courant que c'est une affaire criminelle, presque un kidnapping?, s'indigna-t-il à son tour.

—*Pavlik!*, la grand-mère se mit devant la fillette et le regarda en insinuant autant que possible d'avoir un peu de tact:

—Regarde cette pauvre fillette, tu crois que c'est facile pour elle en ce moment?

Tous deux se tournèrent vers la petite fille: ses yeux étaient remplis de larmes:

—Vous vous disputez à cause de moi maintenant, elle renifla et s'enfuit de la maison.

La grand-mère eut à peine le temps d'ouvrir la bouche quand elle entendit le chien aboyer, l'enfant crier et encore un autre bruit.

Le fils et la mère sortirent en courant:

—Oh, mon Dieu! *Pavlik* roula les yeux et se frappa sur le front, avant de retourner dans la maison.

Au milieu de la cour, il y avait une grande flaque boueuse dans laquelle était assise une Indila tout aussi sale.

—Qu'est-ce qui s'est passé? mettant sa main sur son cœur, s'écria mamie Louba.

—Je, je... Je voulais m'enfuir et ne pas vous faire de problèmes... Le chien m'a fait peur... Et... Et, et j'ai glissé et... Et je suis tombé pile dans la flaque d'eau! reniflant et haletant de peur, essayait d'articuler Indila.

Pavlik revînt avec une serviette:

—Alors? Tu vas rester assise là? Allez, lève-toi, *Tchoudik*[5]!, il l'enroula autour de la jeune fille trempée, la prit dans ses bras et la porta dans la maison. Il marcha tout droit dans le couloir et posa la créature humide sur le sol. Maman, aide-la à se nettoyer et moi, je vais aller chercher des vêtements.

—Très bien, allons-y, acquiesça-t-elle et *Pavlik* partit. Viens, regarde, ici c'est notre salle de bain. On va te nettoyer et je vais te montrer la maison après.

Un quart d'heure plus tard, *Pavlik* frappa à la porte de la salle de bain pour dire que le sac de vêtements les attendait.

Après avoir pris soin d'Indila, la grand-mère lui fît visiter la maison:

—Fais comme chez toi. Si tu as besoin de quelque chose, tu n'as qu'à dire: "*Babouchka* Louba, donne-moi... quelque chose à manger, par exemple, et c'est tout! D'accord?"

—Okay, la fille hocha la tête.

Grand-mère commença à faire de la soupe et à parler de *Pavlik* à Indila:

—Tu sais, il n'est pas méchant. En réalité, c'est un homme très bon et sincère. Il traverse une période difficile: sa fiancée l'a quitté. Ne lui en veux pas, *Pavlik* a bon cœur, mais il est blessé... Il devait se marier, mais la jeune-fille, Irène, est partie avec un vieux riche! Tu te rends compte? Il s'est donc noyé dans son travail. Maintenant, il n'aime que ce qui lui semble efficace et rentable. Et tu ne sembles correspondre à aucune de ces catégories, c'est pourquoi il a été si grossier. Mais ce n'est rien, il sera là ce soir et nous en parlerons tranquillement. Ah zut! Je devais l'appeler... Où est mon téléphone? elle le trouva dans son sac et commença l'appel, Bonjour! *Pavlik*... Non, il ne

11

s'est rien passé… Oui, elle va bien, ne t'inquiète pas… Est-ce qu'il vient demain? Ok, ok… Bisous, bye, elle raccrocha et se tourna vers Indila, Tu vois, il s'inquiète pour toi, il demandait s'il n'avait pas offensé la fillette. Il dit que demain matin André, son ami, viendra, ça fait longtemps que je ne l'ai pas vu! Nous verrons ensemble ce qu'on va faire de toi.

Tard dans la soirée, *Pavlik* revînt. Il fût accueilli par mamie Louba, qui lui arrivait peut-être à l'épaule.

—*Tchoudik*, où es-tu?, cria *Pavlik*.

La petite se dit: "il aime, lui aussi, donner des petits surnoms à tout le monde", et elle sortit timidement de la salle:

—Bonjour, dit doucement la jeune fille, comment ça va au travail?, demanda-t-elle.

Pavlik ne put se retenir de sourire devant une question aussi adulte:

—Je vais bien, merci, la Miss. D'ailleurs, comment t'appelles-tu?

—Indila, répondit-elle, toujours timidement mais bien fermement.

—Regarde ce que je t'ai apporté! s'exclama *Pavlik* en tendant un livre à la petite fille.

—« Le monde merveilleux des fées », lut-elle. C'est intéressant! Merci!

—Mais bon, tu pourras le lire plus tard, et maintenant allons jouer à un jeu! dit jovialement *Pavlik*, remît une boîte de jeu à Indila, la prît comme un avion et courut dans la salle où ils jouèrent au nouveau jeu avec la grand-mère.

Depuis longtemps il faisait nuit partout, et seulement dans une maison une lumière brillait à travers la fenêtre. Il y avait des rires et de la joie, et il semblait que trois des personnes les plus heureuses du monde étaient là, l'une d'entre elles était Indila.

—Allez, *Tchoudik*, c'est l'heure d'aller au lit!, de nouveau

Indila vola, dans les bras de *Pavlik*, vers une des chambres, Regarde, tu dormiras ici. Si tu as besoin de quelque chose, tu m'appelles!

—Okay! répondit la petite fille avec joie. Mais ce n'est pas ta chambre?

—C'était la mienne, dit *Pavlik*, mais maintenant j'ai mon appartement au centre-ville que je viens d'acheter, et donc la chambre est vide! Alors, ne t'inquiète pas, tu ne m'as pas expulsé! Il lui fît un clin d'œil et était sur le point de partir quand Indila demanda précipitamment:

—Tu pars?

—Non, je reste ici ce soir. Donc, s'il y a quelque chose, je ne suis pas loin! Bonne nuit!

—Bonne nuit!

C'est là que mamie Louba monta dans la pièce:

—Douce nuit, mon enfant.

—Bonne nuit! Tu sais, *Babouchka*, tu avais raison, *Pavlik* est vraiment gentil!

—Je suis heureuse que vous soyez devenues amis, répondit-elle, et éteignit la lumière, Fais de beaux rêves.

Comme Indila aimait donner des petits surnoms à tout le monde et à toutes choses, elle n'a cessé de réfléchir au surnom à donner à *Pavlik* et décida de l'appeler son "nouveau frère".

Toute la nuit, la fillette rêva d'une barbe à papa rose avec une grande silhouette au milieu. Au début, elle était totalement immobile, puis elle commença à tourner en rond autour d'Indila. Elle ne pouvait la distinguer, mais elle était sûre qu'il s'agissait d'un homme des plus gentils, mais très tourmenté. À la toute fin du rêve, la silhouette lui tendit la main et l'attira à elle. Son visage s'éclaircit brusquement, et les traits du visage commencèrent à émerger. Soudain, il fut masqué par de la barbe à papa rose, et Indila passa à la phase suivante du sommeil.

Elle se leva tôt le matin dans l'attente de rencontrer sa nouvelle famille, et oublia presque son rêve. Sentant une odeur délicieuse, elle descendit les escaliers pour en trouver la source. En arrivant dans le hall, qui était la même pièce que la cuisine, elle trouva la grand-mère en train de faire des crêpes. "Une odeur divinement délicieuse!", pensa-t-elle.

—Indila …! Tu t'es réveillée?, demanda la grand-mère, qui se tenait debout, dos à la fille.

Cette dernière resta perplexe:

—Oui… Comment…?

—C'est étrange. Même si tu n'a rien dit, j'ai comme… senti ta présence. Il y a quelque chose en toi qui…

—Uh-oh! Bonjour, tout le monde! bâilla *Pavlik*, qui venait de se réveiller et était encore allongé dans le canapé. Tu as bien dormi, *Tchoudik*?

—Très bien! Je ne t'avais pas remarqué, éclata de rire Indila et enlaça avec tout son amour son "nouveau frère".

Tous les trois s'assirent à table et prirent un délicieux petit-déjeuner de crêpes avec de la confiture maison.

—Tu as quel âge ?, demanda Indila à *Pavlik*.

—Vingt-trois, il regarda attentivement la fillette. Et toi ?

—J'ai huit ans !

—C'est vrai ? No-o-on ! Je pensais que tu avais seize ans, que tu étais une grande fille.

—Ah bon ?

—Oui-i-i, dit longuement Pavel. Et tu n'es encore qu'un bébé en fait !

La fille fît de grands yeux surpris et à ce moment-là, la grand-mère ne pouvait plus retenir son rire. Indila réalisa enfin que ce n'était qu'une plaisanterie.

—Aujourd'hui, nous ne pouvons pas rencontrer André ... Il m'a appelé et il semblerait qu'il aie quelque chose d'important à faire, déclara *Pavlik* à grand-mère Louba et Indila.

—Eh bien, qu'il vienne demain alors. Avec sa famille. On ne se connaît même pas, il était temps !

Ce jour-là, Pavel avait un jour de congé, qu'il consacra entièrement à la petite invitée. Pour une raison inconnue, il avait tout le temps envie d'apporter de la joie à cette jeune créature. Il l'emmena au centre commercial, dans un parc d'attractions, sur des trampolines et dans d'autres endroits intéressants. Le soir, de retour à la maison, la petite fille, débordante de nouvelles émotions, raconta toutes ses aventures à la grand-mère, qui l'écouta avec grand intérêt.

Cette fois, les visiteurs nocturnes d'Indila étaient moins amicaux. Un serpent, grand, épais, de couleur vert venimeux, rampait vers elle. Il avait de grandes dents dans lesquelles il serait impitoyablement une belle fleur, d'où poussait un minuscule bourgeon encore tout à fait fermé. S'approchant d'Indila, le serpent commença à mâcher la fleur. La jeune fille avait juste le temps d'être effrayée quand un énorme soleil apparut devant elle et la fleur, échappant aux dents du serpent, se dressa vers ce soleil.

Le lendemain, *Pavlik* prit un autre jour de congé pour s'amuser encore un peu avec la petite avant l'arrivée d'André, avec qui il devait régler l'affaire concernant Indila.

Le matin, ils ont joué à la maison. Pendant le déjeuner, Indila fit soudainement tomber sa cuillère de bortsch par terre :

—Oula!, elle recommença à paniquer et eut le souffle coupé.

Ayant momentanément évalué la situation, *Pavlik* réagit rapidement pour éviter une nouvelle crise de panique :

—Oh, ben alors, qu'est-ce que tu as fait! Pour ça, je vais te… chatouiller!

La fille roulait par terre essayant en vain de se libérer, mais *Pavlik* était très grand et fort. Ils riaient tous les deux, et ils n'entendirent même pas la sonnette. La grand-mère ouvrit la porte. André et sa femme entrèrent dans la maison avec un bébé dans les bras. L'homme fixa *Pavlik* et Indila, toujours en train de se rouler par terre.

—Les enfants, nous avons des invités, attira leur attention mamie Louba. Dédé, entre, je vais mettre la bouilloire à chauffer.

—Bonjour, frérot, s'approcha André.

—Oh, *Pavlik* se leva et serra la main à son vieil ami. Bonjour Dédé. Bonjour Marianna, ça fait longtemps que je ne t'ai pas vue! Je ne savais même pas que tu avais épousé Marianna, s'étonna *Pavlik* en se tournant à nouveau vers André. Mais quel petit chou, quel âge a-t-il?

Marianna allait ouvrir la bouche quand André répondit:

—Un an ou deux, je me souviens pas exactement.

Pavlik regarda d'un air interrogateur la jeune femme qui n'osait pas répondre.

—Bah alors? Exprime-toi, enfin! sur un ton d'ordre commanda André.

—Un an et trois petits mois, répondit-elle tout bas.

—Du coup c'est pourquoi déjà que tu m'as appelé?, commença André en dévisageant la petite fille accrochée à la jambe de Pavel. Oh! Regarde-moi ça! C'est le Tchoudo-Yudo que j'ai vu la semaine dernière sur le chemin du travail! Elle harcelait un ami, racontait du n'importe quoi, un galimatias. Je n'ai même pas voulu m'approcher...

—Toi-même « Tchoudo-Yudo »! C'est toi qui raconte n'importe quoi! Moi, je suis normale, au contraire!

—Et arrogante en plus!, renifla-t-il et lui lança un regard noir.

La fille était en rage, mais *Pavlik* sentait que très bientôt, la colère prendrait fin, et la fille commencerait à pleurer.

—André, ça suffit! dit-il calmement, mais sèchement et

fermement.

—Parce que tu as décidé de devenir un héros et de défendre toutes sortes de "vermines"?, continuait André. Pavel, ne commence pas.

Marianna avait l'air très embarrassée.

—Venez, le thé est prêt, appela à table mamie Louba.

Pendant qu'ils buvaient du thé, André décida d'en apprendre plus sur la fillette, assise sur les genoux de *Pavlik* et se serrant contre lui de toutes ses forces:

—Alors... Où as-tu trouvé "ça"? il mit l'accent sur le dernier mot et adressa un sourire moqueur à la fillette.

Personne n'avait jamais vu Pavel aussi furieux. Il semblait qu'il allait éclater de rage:

—Elle a un prénom: Indila! N'ose plus jamais parler d'elle de la sorte. Tu m'as compris?, il transperçait littéralement son interlocuteur du regard.

—Mais qu'est-ce que j'ai f..?, commença-t-il à chercher des excuses.

Maintenant, même la grand-mère ne pouvait plus se contenir:

—André, *Pavlik* a raison, toute chose a ses limites. Je ne sais pas ce qui t'a pris aujourd'hui... Tu as grandi sous mes yeux, tu étais un si bon garçon, et maintenant.....

—Oh, non, faut pas commencer cette histoire, grimaça-t-il en l'interrompant.

—Bon, commença *Pavlik*, Indila, va jouer, André et moi devons avoir une discussion sérieuse, et il descendit la fillette de ses genoux.

Indila obéit. Elle se tourna pour partir, quand soudain André l'arrêta:

—Eh eh. Stop!, ordonna-t-il en attrapant son poignet. Explique-moi, comment tu peux faire irruption dans la vie de quelqu'un et t'immiscer entre des gens qui sont amis depuis vingt ans?

—André! N'exagère pas, dit calmement mamie Louba.

Il serra le petit bras de l'enfant encore plus fort.

—Aïe, lâche-moi!, s'exclama la petite fille.

—André!, avec effroi mais doucement le rappela à l'ordre sa femme.

André se tourna vers la jeune femme et de sa main libre, frappa sur la table aussi fort qu'il put, en signe qu'il était temps pour elle de se taire, et au plus vite.

—Ah! J'ai mal, s'écria une nouvelle fois la petite.

C'était la goutte d'eau qui fait déborder le vase. Pavel sauta de sa chaise et effectua une clé de bras droit d'André, qui lâcha rapidement le petit être innocent, et se plia en deux. Dans cette posture, *Pavlik* escorta André hors de la porte, cria quelque chose et retourna dans la salle. Là, dans une posture immobile, mamie Louba était assise, la main sur son cœur, et Marianna, couvrant sa bouche avec sa main. La fillette se tenait au milieu de la pièce avec des yeux énormes de terreur, sa respiration était très rapide.

—Je suis désolé, put-il seulement dire.

Pavlik s'approcha d'elle et s'agenouilla. Il avait peur de la toucher. À ce moment-là, il la voyait comme une rose fragile qui pouvait être brisée par n'importe quel souffle. Il comprit ce que signifiait la phrase "Tu deviens responsable pour toujours de ce que tu as apprivoisé. Tu es responsable de ta rose." Finalement, il prit Indila dans ses bras et elle reprit ses esprits en sentant non seulement tout l'amour et la chaleur de cet homme, mais aussi qu'il tremblait violemment.

—Je suis désolé que tu aies dû assister à tout cela, dit *Pavlik* avec sincérité.

—Pourquoi tu trembles? demanda l'enfant dans un chuchotement.

—Oh, expira-t-il. Je tremble, et je tremblerai toujours pour toi, mon bébé. Tu es ma rose.

La fillette, à ce moment-là, n'en comprenait pas la signification.

Ce n'est que lorsque Indila partit lire son livre que *Pavlik* entendit les pleurs de bébé et se souvint de la pauvre Marianna qui n'osait pas bouger d'un poil.

—Je suis désolée d'avoir... « jeté » ton mari dehors de cette manière, mais il a été vraiment grossier envers Indila...

—Non, non! s'exclama-t-elle en réponse, en réconfortant son bébé. Tu t'es comporté comme un vrai homme, je vois bien à quel point tu aimes Indila! sourit la jeune femme. Après une courte pause, elle se leva brusquement, Il faut que je me dépêche avant qu'André.., elle détourna le regard brusquement et courut hors de la maison.

Pavlik s'approcha de sa mère :

—Je n'ai pas rencontré André depuis longtemps... Il m'invitait parfois à des soirées, et tu sais que je n'aime pas ce genre d'événements... J'avais entendu dire qu'il était souvent "sous l'emprise", mais je refusais d'y croire. C'est un ami d'enfance, après tout. J'aurais dû. C'est tellement de ma faute! Il était apparemment bourré quand il m'a appelé hier nuit, c'est pourquoi je l'ai rappelé le matin pour m'assurer qu'il ne venait pas. Il ne fallait pas qu'il vienne avec un jour de retard, il n'aurait jamais dû venir tout court. Pauvre enfant. Tout est de ma faute!

—Ne culpabilise pas, *sinok*. Qui aurait pu savoir qu'en grandissant, André allait devenir ... Euh ... Eh bien, ce n'est pas grave, l'essentiel, c'est que tout aille bien maintenant, grâce à toi d'ailleurs, mamie Louba essayait de le rassurer.

—Qu'est-ce qui va bien maintenant? As-tu vu ces yeux pleins de terreur? Je ne me le pardonnerai jamais!, s'écria-t-il.

—Frérot, l'appela doucement Indila.

—Oui, ma petite?, changeant immédiatement de ton répondit *Pavlik*.

—Comment on fait pour la nouvelle famille maintenant?

—Et bien, leur connaissance, en principe, n'a rien à voir avec André lui-même, supposa la grand-mère.

—Comment ça, rien à voir ? Bien sûr que si ! Elle n'y mettra pas un pied ! C'est bon, oublie-les, coupa court *Pavlik*.

—Bon, mamie n'insista pas. Mais alors où va-t-elle vivre ?

—Ici pour le moment ! Et demain, j'essaierai de trouver une solution, répondit *Pavlik*.

CHAPITRE 2 : PAPIERS, PAPIERS, PAPIERS...

Cette nuit, personne ne dormit paisiblement.

Indila fut tellement impressionnée par "l'ami de l'extraterrestre", comme elle appelait André, qu'elle n'eut même pas un rêve.

La grand-mère ne savait pas ce qui allait arriver à la fillette qui, on dirait, vivait avec elle depuis des années.

Quant à *Pavlik*, lui, souffrait d'insomnie : il pensait au fait que la fillette était très probablement recherchée et que dès qu'on saura qu'elle est chez eux, il se retrouvera immédiatement en prison. Toutes sortes de pensées le tourmentaient : "Comment faire pour que la petite revienne chez nous ? En tout cas, elle devra retourner à l'orphelinat pendant un certain temps. Mais à en juger par sa réaction violente à la simple évocation, Indila n'y retournera pour rien au monde. Elle n'y survivra pas... De qui parlait-elle d'ailleurs, de quelqu'un qui n'y était plus ?"

Sa curiosité ayant pris le dessus, *Pavlik* se leva et monta au premier étage où se trouvait la fillette. Indila était déjà endormie. Le clair de lune tombait sur ses cheveux sombres et il semblait y avoir une auréole autour de sa tête. Quelque chose de mystérieux, d'inexploré et de puissant émanait d'elle. "Déjà endormi", se dit-il. Puis il vit l'horloge électronique sur la commode. Il était 4h20 du matin. "Déjà? Il est temps pour moi d'aller me coucher aussi, je dois aller travailler dans trois heures!", se rappela *Pavlik* et se dirigea vers la porte. Il se retourna pour regarder une dernière fois l'enfant. "Qu'est-ce qu'elle est petite", remarqua-t-il une fois de plus. "Incroyable! On dirait que je la connais depuis très longtemps", fut la dernière pensée, après laquelle il quitta la pièce et alla se coucher.

Le lendemain matin, Indila fut réveillée par les cris de la grand-mère. Elle courut dans les escaliers, glissa et se cogna le genou. Ignorant la douleur, elle se leva et s'empressa dans le salon.

—*Pavlik*, lève-toi, allez! Dépêche-toi! Il est dix heures! Lève-toi! Continuait à crier mamie Louba.

—Pourquoi tu cries comme ça, maman? Laisse-moi dormir.

—Comment ça dormir? Il est dix heures, je te dis! Tu devais être au travail depuis longtemps! poursuivait-elle.

C'est alors que *Pavlik* sursauta brusquement :

—C'est vrai ! Le travail ! Pourquoi ne l'as-tu pas dit plus tôt ? Où est mon pantalon ? il mit rapidement ses vêtements et courut dehors.

—Et le petit-déjeuner ?, essaya désespérément de rappeler mamie.

Mais *Pavlik* était déjà sorti et ne l'entendit pas. Il y eut un bruit de moteur et d'accélérateur. La voiture démarra en trombe et fonça.

—Tu as vu ça ? Il a manqué son réveil ! se tourna-t-elle vers Indila.

À ce moment-là, la jeune fille se souvint de sa douleur :

—J'ai mal à mon genou, dit-elle.

Mamie Louba installa la fillette sur une chaise et souleva la jambe de son pantalon :

—C'est un peu rouge, répondu-t-elle. La grand-mère sortit du congélateur un citron tranché, enveloppé dans du film alimentaire, et le tendit à l'enfant. Tiens du froid, mets-le. Que s'est-il passé ?

—J'ai entendu des cris, et j'ai couru dans les escaliers… Et je suis tombée à la fin, raconta-t-elle.

—En effet, je vois ça, dit mamie Louba. Fais attention la prochaine fois, d'accord ?

—Oui. Quand est-ce que *Pavlik* revient ?, demanda l'enfant.

—Oh… Qui sait, c'est *Pavlik*… Déjà que d'habitude il travaille jusqu'à la nuit, alors maintenant qu'il s'est levé en retard…

Indila passa une matinée tranquille, sans incidents. Elle aidait mamie Louba à arroser le jardin, à nettoyer les animaux et même à traire les vaches. Tous les animaux, même les plus agressifs, sont venus lui faire des câlins. Elle n'a jamais cessé d'étonner mamie Louba.

Quant à *Pavlik*, en revanche, ça n'allait pas si bien. En conduisant pour aller travailler, il ne put trouver de parking. Alors qu'il circulait dans les rangs à la recherche d'un endroit pour se garer, il vît un collègue, un correspondant, qui allait se rendre sur les lieux. *Pavlik* continuait à circuler autour du parking lorsqu'il se rendit compte que son collègue était parti depuis longtemps et que la place était libre, mais sa tête était occupée par d'autres choses. Se rendant compte qu'il ne pourrait pas travailler aujourd'hui, il appela un de ses collègues et lui demanda de transmettre au chef de service qu'il allait en "congé urgent" à partir d'hier. Comme il était très investi dans son travail, il avait, heureusement, accumulé beaucoup d'heures supplémentaires. Pavel se rendit alors auprès des autorités de la protection de l'enfance, où il obtint toutes les informations dont il avait besoin sur la procédure de l'accueil d'un enfant.

Vers treize heures, il était à la maison. Mamie Louba fut très surprise de voir son fils revenir si tôt. Pavel avait l'air très déçu, il s'assit devant l'ordinateur et fut "absent" pendant plusieurs heures. Finalement, grand-mère Louba le sortit de sa transe :

—*Sinok*, comment s'est passée ta journée ? lui demanda-t-elle assez fort, pour qu'il puisse l'entendre.

Alors *Pavlik* raconta à mamie Louba tout ce qu'il avait appris auprès des autorités :

—Le principal problème est que j'ai des revenus, mais je suis trop jeune pour être un "accueillant". En plus je n'ai pas de famille, en plus il n'y a pas beaucoup de place dans mon appartement... Donc c'est compliqué.

—Et moi ? Je pourrais être accueillante !, la grand-mère fût étonnée du manque d'ingéniosité de Pavel. J'ai à la fois de la place et de l'expérience.

—Pff, si seulement c'était possible, soupira-t-il, exaspéré. Je me suis renseigné sur toi aussi : tu es trop vieille pour cela, selon eux !

—Quels ânes bâtés ! Me prendre pour une vieille croûte ! Ils pensent que je ne saurais pas me débrouiller mieux qu'eux ? C'est ça, je suis sûre qu'eux-mêmes, sortent tout juste du lycée, pour croire que je suis une momie !

—Maman, ne leur prête pas attention, voyons. Nous allons trouver une solution..., *Pavlik* tentait de la rassurer.

—Qu'est-ce que tu faisais dans l'ordinateur, pendant tout ce temps ?, Indila entra doucement dans la salle.

—Hein ? Oh, bonjour, *Tchoudik* ! Ça fait longtemps que je ne t'ai pas vu !

—Tu m'as déjà oublié, c'est ça ?

L'œil de *Pavlik* commença à tressauter. En fait, il ne pensait qu'à elle toute la journée, et sur ordinateur, il cherchait un moyen de contourner les lois et de la laisser chez eux. Il n'y avait donc aucun moyen pour lui de l'oublier… aucun.

Il répondit en riant, un rire étrange qui laissa Indila perplexe :

—Pourquoi tu rigoles ? Il n'y a rien de drôle pour toi pourtant, posa-t-elle une nouvelle question.

—Eh bien… Qu'est-ce qui te fait penser qu'il n'y a rien de drôle ? Au contraire… avec un faux sourire tenta de répondre *Pavlik*.

—Pourquoi tu es nerveux ? poursuivit son interrogatoire Indila.

—Qui est nerveux ? Moi ? Non, je rigole juste…

—Tu es inquiet au sujet du travail et de l'accueil d'enfants ?

Elle mit le doigt sur le problème.

—Oui, exhala le "nouveau frère", J'ai promis de remettre un article intéressant et pertinent… Mais comment tu le sais, toi ?

—Comme ça. Je le sens, c'est tout, haussa les épaules Indila et quitta la pièce. Bon, je ne vous dérange plus.

Pendant une minute environ, le fils et sa mère restaient assis, stupéfaits, regardant Indila s'éloigner.

—Oui, *Pavlik*, ce n'est pas une enfant ordinaire, commença mamie Louba.

—J'ai constaté ça. Elle n'a pas la même manière de réfléchir que les enfants de huit ans, parfois j'ai même l'impression qu'elle est plus mature que moi… Et même au parc, où nous étions allés avant-hier, elle ne jouait pas avec les autres enfants. Si quelqu'un venait faire sa connaissance, elle s'en éloignait tout de même assez rapidement, comme si personne ne l'intéressait… Au lieu de cela, elle préférait me raconter ses craintes concernant ce qui se passerait si les gens en venaient à oublier toutes les paroles gentilles...

—Ce ne sont pas encore toutes ses particularités. J'ai remarqué que tous les animaux sont attirés par elle. C'est comme si elle les hypnotisait... Je serais effrayée si je ne voyais pas tout l'affection qu'elle leur porte!

—Eh bien, maman, félicitations à nous! Toi et moi avons notre propre Fée! – rit-il, mais grand-mère Louba n'était pas d'humeur à plaisanter.

—Mais effectivement elle semble vraiment spéciale, dit-elle en regardant son fils dans les yeux., N'est-ce pas?

—Si! Mère Emma me le disait aussi! cria la « Fée » depuis la pièce d'à côté.

—Comment? dit-il doucement. Viens ici, toi!

Indila se précipita et s'asseya sur le canapé à côté de *Pavlik*.

—Quoi?, se tourna-t-elle vers lui et, sans attendre de réponse, elle rapporta son attention vers mamie Louba: Pourquoi tu as peur? demanda -t-elle tout à fait naturellement.

—Oh, mon Dieu! laissa échapper mamie. Comment donc pourrais-tu, enfant du ciel, le savoir?

—Je le sens, dit-elle encore.

—Mais est-ce qu'un être humain ordinaire peut ressentir comme ça? s'adressa-t-elle indistinctement à Indila ou à *Pavlik*.

—Bon, commença-t-il. Indila, tu as dit "Mère Emma"?

—Bah oui, elle était à l'orphelinat trois jours par semaine, et les autres jours, elle m'emmenait parfois l'aider à la boutique... Pourquoi? Tu la connais?

—Toute la ville la connaît..., répondit mamie Louba.

—C'est sûr, confirma à son tour *Pavlik*. Elle m'a beaucoup aidé.

—Vraiment? Quand? Et comment?, Indila enchaîna de nouvelles questions.

—Il avait des problèmes à son petit ventre quand il était petit, il devait avoir huit ans environ... répondit mamie.

—Oh, comme moi! remarqua Indila.

Grand-mère continua:

—Et récemment, aussi, quand Irène est partie, il a encore eu des douleurs terribles et...

—Maman, c'est bon, l'interrompt vivement *Pavlik*.

—Au ventre... la fillette fit à nouveau de gros yeux et fixa le sol.

Tout le monde se tut. Le téléphone sonna:

—Allô? Qui est-ce?

Il y avait une voix douce et très calme d'une femme:

—Désolée de t'appeler si tard... J'ai oublié mon sac... Il y a les vêtements d'Alexeï dedans...

Pavlik ne reconnaissait toujours pas la voix, mais il jugea nécessaire de demander d'abord: "Pourquoi parler si bas?"

—J'ai pris ton numéro pour appeler pendant qu'il dormait... Par la grâce de Dieu, ne lui dis pas, si André le découvre... Il y a juste quelques vêtements dans le sac...

—Marianna, c'est toi?

—Oui, désolé de te déranger...

—Non mais non, aucun soucis. C'est où que tu dis que tu as oublié le sac?

—Dans le coin près du canapé, je crois...

—Oui, je l'ai retrouvé. Tu veux que je te l'amène?

—Non, non, non, pas besoin! Je vais venir le chercher toute seul. Euh... Bien sûr... Si ça ne te dérange pas...

—Bien sûr. Quand est-ce que tu viens?

—Euhh, je ne sais pas. Quand André ne sera pas à la

maison...

Pavlik était surpris qu'au sein d'une famille on se cache des choses, mais il était bien plus surpris par le ton de son ancien ami lorsqu'il parlait à sa femme...

—Très bien, pas de problème, Tu appelles, et puis tu viens.

—Merci beaucoup, tu es un véritable ami, c'est étrange qu'André ne l'appréciait pas... Elle est soudainement passée aux chuchotements. Oh, quelqu'un arrive! Bye, bye, merci, *Pasha*[6], merci.

Il y a eu de courtes sonneries. Le silence persista.

Indila se leva brusquement et dit:

—Le ventre est l'endroit où se digèrent... Bref, c'était dur pour toi de digérer ce qui s'est passé, c'est pour ça que ça a recommencé... Mais c'est bizarre que je ne t'ai pas vu? C'était quand?

—C'était il y a quelques mois, Indila. Peut-être que tu n'étais pas là à ce moment-là, tu n'étais pas avec elle tout le temps, quand même?

—Eh bien, malheureusement, non, commença Indila. Mais je passais de bons moments avec elle. J'appréciais chaque seconde passée avec elle...

—Elle doit te manquer? demanda affectueusement la grand-mère.

—Pas du tout, tout va bien. Je la reverrai!, avec grande fierté, dit la petite.

—Comment cela? une fois de plus, la pauvre grand-mère fut effrayée.

—Je ne sais pas, la fille courut dans la chambre et apporta un petit mot. Elle a laissé des petits papiers avec des conseils symboliques pour l'avenir. Et moi, voilà, regardez, elle ne m'a donné aucun conseil. Juste le "Nous nous reverrons".

—Hmm, dit *Pavlik*.

Pendant que Indila se pressa de ranger la note, mamie Louba commenta :

—Très intéressant… Soit ce symbolisme n'est pas fait pour mon cerveau, soit elle ne voulait pas que la fille soit attristée après son départ et lui a incarné une étincelle d'espoir.

—Non, s'écria Indila à travers la pièce. Je la reverrai !

La grand-mère soupira :

—Pauvre enfant, elle sera déçu…

—Non, coupa court *Pavlik*. Ce n'est pas dans les habitudes de Mère Emma. Elle ne dit et ne prédit que la vérité.

—Oui, arriva en courant et confirma Indila. Et tôt ou tard, nous nous reverrons !

La conversation avec Marianna resta bloquée dans la tête de Pavlik. Il s'interrogeait encore sur la relation entre elle et André. "Pourquoi chuchotait-elle ?" ; "Pourquoi l'a-t-il traitée si grossièrement alors ?" ; "Après tout, cette fille était vraiment une perle, pourquoi ne pas juste l'aimer ?" réfléchissait-il.

Dans la soirée *Pavlik* partit et ne revint que le lendemain vers midi. Il mangeait sans parler et semblait être quelque part au loin dans les nuages. Enfin, Indila a rompu le silence :

—Pourquoi ton âme ne reste pas dans ton corps ?

—Parce qu'elle stresse… répondit-il automatiquement.

Indila se tut. Elle fixa à nouveau le sol et réfléchit profondément.

Après le déjeuner, Grand-mère et Indila allèrent faire du fromage, et en laissant *Pavlik* seul avec son ordinateur portable, sur lequel il essayait attentivement d'écrire un article intéressant, ce qui était extrêmement difficile.

Depuis plusieurs jours, il travaillait sans quitter son ordinateur. La question de la garde ou de l'adoption ne cessait de le hanter. Il essayait de comprendre laquelle des solutions était la meilleure et, surtout, comment s'y prendre. Il devait agir vite, car Indila devait être recherchée depuis longtemps.

Le congé de *Pavlik* s'était transformé en arrêt maladie. Il était allongé avec de la fièvre et une toux.

Un jour, Marianna appela. En entendant sa voix rauque, elle apparut avec un sac rempli d'herbes médicinales. Il se révéla qu'elle était une experte dans ce domaine. Pendant que Marianna soignait *Pavlik*, Indila jouait avec Alexeï, son fils. Après avoir terminé le traitement, et après avoir expliqué comment et quand prendre le reste des potions, elle prit la poussette avec le bébé et se dépêcha de rentrer chez elle avant que son mari ne découvre son absence.

Même s'il ne se sentait pas bien, *Pavlik* continuait à penser à la petite fille qu'il n'avait pas vue depuis un certain temps. Mamie Louba lui avait strictement interdit de la voir de peur qu'il ne la contamine. Dans ce cas, il devrait se rendre chez un médecin, après quoi une autre série de problèmes commencerait, car ils n'avaient pas de documents pour la fille. Ses pensées furent interrompues par le grincement de la porte.

—*Pavlik*, Marianna est partie… commença mamie Louba.

—Oui, je sais, c'est parce que nous ne voulons pas qu'André sache qu'elle était là.

—Sauf qu'elle a encore oublié son sac!

Pavlik sourit, réalisant que c'était une nouvelle raison pour la revoir. Sa mère comprit pas ce sourire:

—Qu'est-ce qui te fait sourire? J'ai dit, la fille a encore oublié son sac! Qu'est-ce qu'elle est désordonnée!

—Maman, ne la juge pas, *Pavlik* commença à expliquer. Elle a juste une vie difficile. Elle a oublié et tant mieux. Ça signifie qu'elle reviendra!

Pavlik n'osa pas appeler Marianna. "Que se passera-t-il si André décroche le téléphone? Qui sait quel genre de relation ils ont là-bas? Mieux vaut qu'elle appelle d'elle-même", pensa-t-il, voyant une situation peu conventionnelle sur laquelle il serait indélicat d'interroger.

Il replongea dans son travail. On frappa à la porte:

—Tiens, mon *sinok*, je t'ai apporté du lait chaud, apparue à la porte grand-mère Louba.

—Merci, maman, c'est comme au bon vieux temps, sourit-il.

—Bois-le en bonne santé, tu en auras bien besoin, dit-elle à son fils avec un sourire maternel, puis elle sortit.

Il semblait que rien d'extraordinaire ne se produisit, mais quelque chose dans ce sourire résonna en lui. Après avoir fini son lait, il rouvrit l'ordinateur, avec son article inachevé toujours sur l'écran.

Soudain, ses yeux s'agrandirent, sa bouche s'ouvrit et ses cheveux se frissonnèrent.

—Indila! s'exclama-t-il.

Comme s'il était assoiffé, il prit son ordinateur et rapidement, dans un élan émotionnel, commença à noter toutes les pensées qui lui venaient à l'esprit:

"L'acte honorable de cette grand-mère...", "Dans sa maison un enfant étranger!", "Les autorités de tutelle ne laissent pas la garde de la fillette à la généreuse retraitée...".

Au cours des dernières heures, mamie Louba était entrée dans la pièce à plusieurs reprises, mais voyant que son fils martelait sur le clavier comme un fou sans quitter l'ordinateur des yeux, elle n'osa le déranger.

Trois jours après la visite de Marianna, *Pavlik* se sentait mieux. Il élabora un plan pour faire changer la décision des autorités de protection de l'enfance. Pour ce faire, il était nécessaire d'attirer l'attention du public, ce qui permettrait une issue positive de la décision. Il ne restait plus qu'à obtenir un rejet officiel, qui servirait de preuve dans l'article de Pavel.

Tout était prêt. Le plus difficile restait à faire: parler à Indila. Lorsque mamie Louba ferait sa demande, elle devra révéler que l'enfant vivait déjà avec elle. Dès que les autorités le découvriront, elles la ramèneront à l'orphelinat.

Pavlik ne voulait pas se séparer de la petite fille, mais il savait bien sûr que la ramener temporairement à l'orphelinat était la seule chance de la reprendre pour de bon.

Finalement, il sortit de son lit et se dirigea vers la cuisine, où régnait une délicieuse odeur de gâteau au fromage.

—Où est mon bon petit *Tchoudik*?, s'exclama-t-il joyeusement pour annoncer sa présence à Indila.

—Hourrah, *Pavlik* est de retour! la fillette poussa immédiatement un cri de joie et courut dans la pièce.

—Parce que j'étais parti quelque part? avec une fausse surprise, demanda-t-il.

Les deux rièrent.

Ensuite, Indila raconta ses rêves à tout le monde. Depuis plusieurs jours, elle rêvait de la même chose: de la barbe à papa rose, un serpent, une fleur avec un bouton, et un homme-soleil, dont les traits étaient extrêmement flous, ce qui l'empêchait de le reconnaître.

Après ce récit intéressant, avec toute sa tendresse et tout son calme, *Pavlik* s'adressa à la petite :

—As-tu fini ton repas? commença-t-il de loin.

—Hmm, acquiesça la fillette, Tu as l'air un peu inquiet.., remarqua-t-elle.

—On ne peut rien te cacher, poursuivit-il, J'ai quelque chose à te dire mais je ne sais pas comment tu vas le prendre.

Il la regarda dans les yeux et ouvrit la bouche pour dire l'essentiel quand la fillette prit la parole :

—Tu repars au travail, n'est-ce pas? Ou… Ou tu retournes chez toi pour refaire des trous encore?

—Quoi? Quels trous?, il ne comprit pas.

—Tu sais, ceux dans l'ordinateur!

La grand-mère rit aux éclats :

—C'est moi qui lui ai dit ça, ha-ha-ha! L'enfant a demandé: "Comment va *Pavlik*?", et j'ai répondu: "Il va bien! Il fait des trous dans son clavier!" et elle l'a pris au pied de la lettre! puis ensemble avec Indila elles éclatèrent de rire.

Pavlik restait assis silencieux. Il ne voulait pas interrompre ce beau rire d'enfant, qu'il devrait bientôt remplacer par plus de désespoir, d'ennui et de nostalgie pour le temps qu'ils avaient passé avec la petite fille et mamie Louba.

Quand la fille se calma, il se décida :

—Indila, tu devra être ramenée à.., ce mot auquel l'enfant était "allergique" ne pouvait sortir de sa bouche. Tu vois, pour que tu puisses être attribuée à mamie Louba et moi pour toujours, tu devras retourner à…, mais il n'a pu finir sa phrase. D'ailleurs, ce n'était pas nécessaire.

—Mais pourquoi? Je ne comprends pas! Fin si, je comprends, mais je ne veux pas! Je n'ai pas d'amis là-bas! Je suis toujours seule! Et ils me regardent tous de travers! Comme si j'étais différente d'eux!

—Je me demande bien quoi, dit mamie, avec un sarcasme involontaire.

L'hystérie d'Indila prit fin instantanément, et la jeune fille fixa mamie Louba. Elle n'eut pas besoin de demander quoi que ce soit. Un grand point d'interrogation était, littéralement, inscrit sur son visage. Quand soudainement, en un instant, toute l'attention se porta sur elle, la grand-mère était un peu embarrassée.

—Indila, c'est juste que tu es incroyablement… mature, consciente au-delà de ton âge, donc tu n'es pas intéressée par les autres… Tu comprends?

Indila répondit par un soupir. Le silence prolongea. La jeune fille fixa son regard sur un point, signe qu'elle fut plongée dans ses pensées. Soudain, elle se leva du canapé et dit très sérieusement:

—Oui. J'ai aussi entendu de la part de Mère Emma que parfois, il faut prendre du recul pour avancer.

—Exactement, répliqua mamie, On dit aussi qu'il faut pousser le fond pour flotter.

Pavlik ne fit que hocher la tête en silence. Il n'arrivait pas à se faire à l'idée que peut-être aujourd'hui cet enfant extraordinaire ne serait plus dans la maison. Maintenant, il n'aurait plus cet aimant qui le retenait près de sa mère, et il retournerait chez lui, en ville.

Il serait difficile d'accepter que lorsqu'il rentrerait du travail, personne ne se précipiterait à sa rencontre. Que le matin, il se réveillerait dans son appartement désert, et qu'en partant, il saurait que personne ne l'attendra à la maison. Qu'il n'aurait plus sa fée vive et joyeuse.

Et enfin, que sa vie allait se terminer, et que sa routine ordinaire et automatique allait recommencer: maison-travail, travail-maison. Il s'était trop attaché à l'enfant pour imaginer une seule seconde à ce qui se passerait si son plan pour l'article ne fonctionnait pas et qu'il la perdait pour toujours.

Lorsqu'il exprima son inquiétude, Indila, à sa grande surprise, donna une réponse tout à fait inattendue et sage:

—L'attachement est mauvais. Quand on est attaché à quelque chose, ou à quelqu'un, on ne peut pas regarder la situation... Comment dire? Ben... Sans jugement personnel. Comment..? Ab... Ob...

—Objectivement? suggéra *Pavlik*.

—Oui, c'est ça, objectivement. Eh bien, par exemple ... Si une fille aime un chaton, et si elle veut qu'il soit toujours là, et que le chat veut être dans la liberté, alors la fillette le laissera partir. Alors que si elle est attachée à lui, elle l'attachera et elle ignorera qu'il souffre. Tu comprends?

Pavlik n'a pu retenir un sourire, devant cette intéressante leçon de philosophie de la part de la petite fille. Dans sa tête, il dit: "Ce serait drôle si ce n'était si triste", et à voix haute, en souriant gentiment, il répondit:

—Oui, je comprends. Et de qui as-tu appris ces mots aussi intéressants: « attachement », « objectivement », « jugement personnel »?

—Hmm.., Indila ne savait pas comment elle savait tout cela. Probablement de la part de Mère Emma, il n'y a personne d'autre de toute façon, supposa-t-elle. Tu es tellement courageux!, exprima-t-elle soudainement ses nouvelles pensées.

Pavel ne disait rien, attendant une explication, ou une continuation. Indila continua :

—Je ne sais pas si j'aurais été capable d'annoncer une telle nouvelle à quelqu'un si tout le monde, moi y compris, souffrirait en l'entendant. Je sens tout, moi.

Pavlik ne cessa de s'étonner de cette merveilleuse fillette. Maintenant, il était pleinement confiant qu'elle serait capable de maîtriser, et de jouer son rôle dans l'histoire inventée. Il expliqua à Indila comment se comporter et ce qu'il faut dire et ne pas dire.

C'était la fin de la conversation, et ils partirent au bureau de la protection de l'enfance.

Lorsqu'ils furent reçus, la grand-mère expliqua qu'elle avait rencontré la petite fille au marché et qu'elle la voyait chaque fois qu'elle sortait pour faire du marchandage. Ils dirent que mamie Louba nourrissait l'enfant avec des biscuits et des fromages, et lui donnait du lait. Ils expliquèrent qu'ils pensaient que la jeune fille venait d'une famille pauvre ou troublée qui ne s'occupait pas d'elle, raison pour laquelle elle se promenait toujours seule. Finalement, hier soir, ils découvrirent qu'elle n'avait pas de maison et voulurent la prendre en charge.

Pavel et sa grand-mère fournirent tous les documents. Il leur fut clairement expliqué que ni lui ni sa mère ne répondaient aux critères d'un tuteur. Pavel connaissait déjà bien le sujet et savait qu'il existait une loi implicite selon laquelle les retraités ne pouvaient pas devenir tuteurs ou adopter, mais il fit semblant d'y croire. Il demanda une attestation de refus officielle au nom de sa mère et, après beaucoup de persistance, obtint les documents nécessaires.

L'horloge sonna midi. Tous les travailleurs sont partis déjeuner. Heureusement, mamie Louba avait pris des sandwiches avec elle et mangèrent sur le banc à en face de l'organisation. Pendant la pause, *Pavlik* passa en revue avec Indila le scénario inventé de leur rencontre avec la grand-mère. Il lui donna un livre pour enfants qu'il avait préparé à l'avance chez lui et ils continuèrent d'attendre. Une fois la pause terminée, on les laissa à nouveau entrer dans le bâtiment. Les autorités de protection sont entrés sur leur application pour savoir où la fillette pouvait être placée, mais comme tous les orphelinats étaient surpeuplés, les représentants furent obligés d'appeler la police.

Lorsque la police arriva, elle contrôla les passeports de Pavel et de sa mère et leur posa quelques questions. Ils remarquèrent que l'enfant avait quelque chose à faire (vu qu'elle tenait un livre) et qu'elle n'avait pas l'air d'avoir faim ou froid et décidèrent de ne pas approfondir. L'un des policiers était un homme gros et petit d'une cinquantaine d'années. Le second était grand (de la même taille que Pavel), blond, aux des yeux gentils, d'un bleu clair.

Le policier senior dit :

—Selon la loi, nous sommes obligés de la renvoyer à l'orphelinat dont elle s'est enfuie, mais comme il n'y a plus de place là-bas, nous..." il fut soudainement contacté par radio, et fut appelé d'urgence en mission, - Je suis désolé, mais nous devons partir en urgence.

—Qu'allons-nous faire de l'enfant ? demanda le charmant blond.

Le policier senior soupira et se tournant vers la grand-mère dit :

—Pouvez-vous nous attendre quelques heures ?

—S'il le faut, bien sûr! s'empressa de répondre la grand-mère, montrant qu'elle n'allait pas abandonner la petite fille.

Les policiers sortirent. *Pavlik* fit de même et se dépêcha d'aller au travail.

Lorsqu'il présenta son projet au chef du département, celui-ci n'était pas enchanté. Mais lorsqu'il apprit l'importance de l'article pour son collègue, et qu'il concernait sa mère, il accepta que ce dernier soit publié. Il dit que, puisque c'était si urgent, il pouvait aller sur l'ordinateur et publier l'article sur le site web tout de suite, mais qu'il n'apparaîtrait pas dans le magazine et le journal avant le lendemain. *Pavlik* acheva son travail en un éclair, et en une heure et demie, il était déjà de retour dans l'organisation.

Pendant que la "famille" attendait le retour des policiers, Pavel se rendit sur le site officiel de son entreprise, où son article sur la situation de la grand-mère et d'Indila cumulait déjà beaucoup de vues. Les gens écrivaient des commentaires de protestation envers les autorités et de soutien à la retraitée. Leur nombre augmentait à chaque seconde. Indila s'illumina d'espoir… Mais rien n'était encore gagné.

Les policiers revinrent finalement et dirent qu'ils devaient emmener l'enfant au poste de police.

Aussitôt, *Pavlik* usa de tout son charme, en mettant en argument son blog et de protestations de masse pour convaincre l'homme de les aider dans le processus d'adoption. C'est alors que le jeune policier s'interposa dans la conversation :

—Mais aller, Grigori Yurievich, vous voyez bien à quel point ils aiment cette fille. Venez, on les aide ? Essayons d'agir de notre côté ?

—Oui, Grigori Yurievich, reprit *Pavlik*. Aidez-nous, s'il vous plaît ! Je vous en conjure…

Pendant ce temps, Indila était blottie contre la grand-mère. Elle avait peur de ne plus jamais la revoir.

Le vieux policier n'était pas un mauvais homme. On pouvait voir qu'il compatissait sincèrement cette famille décente et affectueuse, mais quoi qu'il en soit, Grigori Yurievich devait agir conformément à la loi. Il essaya de parler à la jeune fille pour l'emmener sans violence, mais Indila restait obstinément silencieuse et fronçait ses petits sourcils. Alors, après avoir remercié poliment la famille pour sa générosité et son aide, et lui avoir dit au revoir, il la prit par la main et la traîna vers la sortie. Elle se mit à pleurer et essaya de se libérer pour retourner chez *Pavlik* et mamie Louba. Le "nouveau frère" ne perdit pas de temps: il prit rapidement son téléphone et commença, sans s'arrêter, à prendre des photos de la situation avec Indila en sanglots. Il cria derrière elle: "Tu vas rentrer à la maison! Je te le promets!". La porte claqua. Le jeune policier était toujours de ce côté de la porte. Il regarda *Pavlik* et lui demanda:

—Tu prends les photos pour l'article?

—Oui, fermement, et presque brutalement répondit Pavel. Pendant plusieurs secondes il regarda dans le vide, puis ajouta encore plus fermement : Quoi qu'il en coûte, je la récupérerai.

—Je comprends, dit gentiment le policier. J'aiderai en ce que je pourrai. Malheureusement… peu de choses dépendent de moi. D'ailleurs, moi c'est Allan, il tendit sa main.

—Pavel.

Allan partit.

—Un gentil garçon, remarqua mamie Louba.

Ils saluèrent le personnel de l'organisme et rentrèrent.

Pavlik poursuivit son article en y ajoutant les photos.

—Comme c'est devenu vide sans notre fée.., constata mamie Louba.

—Hmm.., prononça seulement le jeune homme, il prit sa veste, et sortit.

CHAPITRE 3 : L'INVITÉE

Pavel prit sa voiture et partit en ville. Il laissa son véhicule sur le parking et, sans savoir où ni pourquoi, erra dans les rues centrales. Les jours de semaine, la place était complètement déserte. Une demi-heure plus tard, il aperçut près de la mairie une silhouette toute mince, à la chevelure luxuriante assise et une poussette, et il s'y dirigea automatiquement.

Sur le banc, une jeune femme aux cheveux noirs bouclés était assise et chantait une berceuse. La première chose que l'on ressentait en la regardant était la pitié. Elle avait l'air épuisée, mais si on l'observait bien, on pouvait voir qu'elle est jeune et très jolie: un véritable ange! Dans ce portrait, *Pavlik* reconnut Marianna. En l'apercevant, elle bondit de son siège:

—Oh, *Pashenka*[7]! Comment vas-tu? Mieux? demanda-t-elle, sincèrement inquiète.

—Honnêtement? Tout va mal. Indila nous a été enlevée, dit-il, et il s'affaissa lourdement sur le banc. La femme s'assit à côté.

—Mon pauvre, si seulement je pouvais t'aider en quoi que ce soit, je le ferais!

Sa sincérité toucha *Pavlik*. Il sourit du coin de ses lèvres, posa ses coudes sur ses genoux et se mit à regarder le petit Alexeï.

—Bah toi, personne ne t'enlèvera ton fils, expira-t-il. T'as de la chance.

—Oui… peut-être.., répondit-elle, bien que son intonation soit incertaine.

—Qu'est-ce qui ne va pas pour toi? Une famille, un enfant, tout ce qu'il faut pour être heureux! dit *Pavlik* presque avec reproche.

Marianna baissa la tête et ne répondit rien. Après un court silence, *Pavlik* se tourna vers elle. Des larmes coulaient sur ses joues.

—Marianna! Ma petite Marianna? Qu'est-ce qu'il y a? Est-ce que… est-ce qu'il y a quelque chose que j'ai mal…?

Pavlik sortit enfin de la transe dans laquelle il était plongé depuis la séparation avec Indila. Il était confus, il ne savait pas quoi faire… Il commença à caresser ses boucles noires:

—Je suis désolé, excuse-moi, je n'étais pas moi-même… Comme le dit Indila, "l'âme" était "hors du corps".

Quelque temps plus tard, ils se promenaient ensemble et Pavel osa finalement poser une question:

—Désolé d'être indélicat, mais où est André?

—Je ne sais pas exactement, il dit qu'il est parti en voyage d'affaires pour quelques jours, mais en réalité... Pff, je ne sais pas.

—Qu'est-ce que c'est que cette relation particulière? une autre question sans tact est sortie accidentellement. Oh, ce n'était pas voulu, c'est sorti tout seul...

Mais à sa grande surprise, Marianna n'était absolument pas gênée:

—André m'héberge juste chez lui. Je suis comme sa gouvernante... Ou une compagne de commodité... Ou un jouet, il fait de moi ce qu'il veut. Il est loin d'y avoir un quelconque amour entre nous...

—Qu'est-ce que ça veut dire "il fait ce qu'il veut"? Pourquoi ne partirais-tu pas?

—Partir? Où? Avec un petit bébé dans la rue? Je n'ai personne d'autre à part lui!

—Comment ça, personne?, puis il se souvint que ses parents étaient décédés depuis longtemps. Et ta tante? demanda-t-il, mais il se souvint également que leur relation n'avait jamais été au plus haut niveau.

Pavlik se mordit la lèvre. La situation était en effet délicate. Encore une fois, il ne savait que dire. Soudain, il se souvint du sac oublié et changea de sujet:

—Tu sais quoi? Allons chez maman, tu as encore oublié ton sac la dernière fois, tu es partie très vite...

Acceptant de partir, elle prit la poussette et, avec *Pavlik*, ils se dirigèrent vers la voiture en poursuivant la conversation:

—Oui... J'étais pressée, j'avais peur qu'André revienne et voit que je n'étais pas à la maison... Et c'était gênant d'appeler une deuxième fois après...

—Mais enfin, tu n'es pas un esclave pour rester à la maison toute la journée, constata-t-il. Qu'est-ce qu'il te ferait?,

Pavlik posa cette question rhétorique, mais à sa grande surprise, Marianna répondit.

—Je ne sais même pas.

Ils placèrent la poussette sur le siège arrière et la jeune femme avec son enfant se sont assis à côté du conducteur.

Pavlik décida d'en apprendre plus sur la vie de la jeune femme et, pour rester seul avec elle, il demanda à sa mère de garder le bébé.

Ils partirent dans un café et s'assirent à la première table libre.

—Tu te rends compte, ça fait onze ans depuis qu'on s'est vus! se rappela *Pavlik*.

—Douze ans même! Oui, c'étaient de bonnes années avant qu'ils ne m'emmènent!

—Oui!, dit Pavel envoûté. Tu as toujours été très gentille et jolie. André était follement amoureux de toi, et après ton départ, il a juré qu'il te retrouverait!

—Il a retrouvé, dit-elle en baissant les yeux. J'aurais préféré ne jamais l'avoir connu!

—Je comprends... Je veux dire, je te te comprends toi, lui, pas vraiment... Aimer comme ça pour ensuite te garder enfermée! Peut-être que c'est parce qu'il tient trop à toi?, fit-il une supposition dont il ne croyait pas à la véracité. Mais, l'autre jour, quand tu m'avais apporté des potions, ça s'est bien passé après?

Elle répondit en haussant les épaules. Sous le regard de Pavel, elle se sentit mal à l'aise et remit machinalement ses cheveux en arrière.

C'est alors que Pavel remarqua un bleu sur son front.

—D'où ça vient? Il n'était pas là quand tu es venue il y a trois jours, en avançant la tête, demanda-t-il avec méfiance.

—Tu parles de quoi? Marianna passa sa main sur son front et comprit de quoi il était question. Ce n'est rien, je suis juste tombée.., répondit-elle en détournant le regard, ...Et me suis cognée contre un mur.

—Où?

—À la maison.

—Juste comme ça, tu marchais et tu t'es cognée!?

Sentant que *Pavlik* ne détourne pas le regard, attendant une réponse, elle expliqua à contrecœur:

—Quand je suis revenue... Il était déjà à la maison... Et il était furieux que je sois sortie. Puis on a commencé à se disputer, et je lui ai dit que j'étais une femme libre et que je pouvais aller où je voulais, quand je voulais. Il m'a poussé à la colère...

Pavel continuait de la fixer intensément. Son autorité était littéralement palpable. La jeune femme comprit qu'elle n'avait pas d'autre choix que de tout lui dire.

—Ou plutôt, je me suis tournée pour partir et il a dit que je devenais vraiment arrogante. Il m'a attrapée par les cheveux, m'a plaquée contre lui, et m'a sifflé à l'oreille que si ça se reproduisait, je serais dans la rue avec Alexeï. Puis il m'a jeté en avant. Mais qu'est-ce que ma force comparée à la sienne? Je me suis envolé, et je me suis cognée contre le mur...

À ce moment-là, *Pavlik* n'en pouvait plus. Il se leva d'un bond, frappa sur la table, et dit, les dents serrées:

—Qu'il essaie de revenir. Nous partons!, il prit la jeune femme sous son bras et se dirigea vers la sortie.

Il a répété une fois de plus les mots "Laissez-la revenir" et se dirigea vers sa voiture d'une démarche assurée.

Le serveur les regarda partir et se dit: "Mais quelle impatience! Ils viennent d'arriver. Bon, je n'ai pas eu le temps d'apporter le menu, mais n'est-ce pas possible d'attendre une minute?"

Marianna tournait autour de lui, le suppliant de se calmer :

—*Pasha*, s'il te plaît, *Pashenka*, tout ira bien… S'il te plaît… Si tu t'en mêles, ça ne fera qu'empirer… S'il te plaît! *Pasha*…

En arrivant à la voiture, il ouvrit la porte de devant en silence, y fit asseoir Marianna, dont les mots fusaient à toute vitesse, et n'entendant pas un mot de ce qu'elle dit, il ferma la porte. Il est monté dans la voiture lui-même, et appuya sur l'accélérateur.

Il conduisait toujours très prudemment, et n'enfreignait jamais la loi. Aujourd'hui, il ne regardait même pas le compteur de vitesse. Marianna, ayant compris que de toute façon il ne l'entendait pas, se tut. Pendant plusieurs minutes, on n'entendait que le bruit du moteur, quand soudain la jeune femme hurla :

—Sto-o-op!

Pavlik freina brusquement, et ce n'est que maintenant qu'il remarqua que c'était exactement le bon moment, et ce, grâce à Marianna: le capot de la voiture se trouvait à quelques centimètres de la Jaguar qui le précédait au feu rouge. Imaginant combien il aurait dû payer au propriétaire pour la réparation de cette voiture coûteuse, il remercia mentalement Dieu et Marianna pour la chance qui lui avait eue au bon moment.

Ils arrivèrent à la maison. Comme ils n'ont rien commandé au café, *Pavlik* invita Marianna à prendre un thé. Pendant qu'ils buvaient, il lui montra le fruit de son travail: son article. Marianna lui conseilla de joindre une photo de la grand-mère triste, en désespoir, à la photo qu'il venait de lui montrer, où la petite fille est en train de se débattre des bras d'un policier.

—Oh mon dieu, comment va ma puce? Et si jamais elle a faim? Ou si quelque chose lui est arrivé? clamait la grand-mère.

Marianna allait rentrer chez elle, mais *Pavlik* refusa catégoriquement. Il dit qu'il la ramènerait lui-même plus tard dans la voiture, "il est tard et il fait nuit. Je ne te laisserai certainement pas rentrer seule". La grand-mère servit le dîner sur la table pour son fils et son invitée et partit voir si Alexeï était réveillé. *Pavlik* mit les coudes sur la table et posa sa tête. Au bout de quelques minutes, Marianna posa sa main sur l'épaule musclée de *Pavlik*:

—*Pasha*? Je devrais peut-être y aller…

Mais le jeune homme ne répondait pas. Après une dure journée, il était si fatigué que dès qu'il posa sa tête, il s'endormit immédiatement. "Mon pauvre" pensa la jeune femme et alla dans la pièce voisine, où se trouvaient Mamie Louba et Alexeï.

—Merci beaucoup, tante Louba, d'avoir gardé Alexeï… On va y aller…

—Et *Pavlik*, il est où?

—Il s'est endormi à table… Il a eu une dure journée, et vous aussi. Et en plus je vous en rajoute…

—Je t'en prie! Qu'elle est drôle ta maman, Alexeï, elle regarda l'enfant. Elle m'a aidé à me changer un peu les idées, et elle dit qu'elle en rajoute!

Avant même que Marianna ait pu ouvrir la bouche, la grand-mère continua:

—Ne pense même pas à partir où que ce soit. Avec la poussette, la nuit, et loin en plus, tu es folle? Tu peux dormir ici ce soir, nous avons une chambre libre à l'étage, C'est notre petite Indila qui y dormait... Je vais aller te faire le lit, elle se leva et monta à l'étage.

Marianna la regarda partir, "C'est une maman cool! Et elle ferait une bonne belle-mère... Je n'ai même pas vu la mère d'André une fois depuis que nous avions douze ans. Elle n'est même pas venue à son mariage." Elle se rendit dans la pièce où la mère de *Pavlik* avait déjà tout préparé.

—*Marianatchka*[8], il y a un lit de bébé au grenier, allons le chercher.

Maintenant que tout était prêt, que le lit était fait et que l'enfant était couché, grand-mère Louba partit également se reposer.

Marianna souffrait d'insomnie depuis longtemps lorsqu'elle osa se lever et descendre dans le salon. Là, sur le canapé convertible dormait *Pavlik*. Comme ses yeux étaient bien habitués à l'obscurité, elle pouvait clairement voir chaque trait de son visage. Marianna le regardait comme s'il était un héros "C'est la première fois que je vois un homme aussi gentil, compatissant et capable d'aimer autant un enfant, et ce qu'en quelques semaines!", pensa-t-elle. La jeune femme s'assit sur le bord du canapé et se mit à contempler son idole endormi. "Quelle chance aura sa femme!", en toute sincérité pour une éventuelle future connaissance, se réjouit-elle. Sa main s'éleva comme guidé par un instinct et bougea. Elle caressait les cheveux châtain clair de *Pavlik*. Puis elle descendit le long de son cou puissant et viril. Elle est passé par-dessus son épaule... Puis s'arrêta sur sa poitrine. "Et voilà son grand coeur." Marianna s'allongea à côté de lui. Sur le côté, les genoux à moitié pliés, elle touchait à peine son épaule gauche aves sa joue. La main de

Marianna restait sur le cœur de Pavel.

Au matin, alors que le jour commençait à se lever, la jeune femme, qui avait l'habitude de se lever très tôt pour préparer le petit-déjeuner de son mari. Elle eut les yeux écarquillés, voyant qu'elle était allongée à quelques centimètres de Pavel. Marianna se rendit compte qu'elle s'était endormie, ne comprenant pas comment cela avait pu se produire. *Pavlik* dormait toujours comme un bébé.

Elle se leva et monta le plus discrètement possible dans la chambre que la mère de *Pavlik* lui avait si généreusement attribuée. Heureusement, Alexeï dormait. Ce n'est que maintenant qu'elle put reprendre son souffle. Elle avait peur d'imaginer ce qui se passerait si quelqu'un le découvrait. Les pensées commencèrent à faire rage dans sa tête: "Je me suis endormie vraiment sans faire exprès, tout ce qu'on aurait pu imaginer! Que se passerait-il si quelqu'un me voyait dormir à côté, ou on pourrait même dire collée (!) à *Pasha*? Bon, tout est clair avec André, il m'aurait tuée sur place, sans faire de procès. Tante Louba... J'aurais voulu disparaître dans un trou de souris tellement la honte m'envahirait... Et *Pasha* ? Je ne peux même pas imaginer ce que je lui dirais ou comment je le regarderais dans les yeux !".

Puis Alexeï se réveilla. Marianna essaya de le distraire d'une manière ou d'une autre pour ne réveiller personne. Après un moment, ils ont entendu des bruits en bas et sont descendus.

—*Marianatchka*, viens à table, on va prendre le petit-déjeuner, appela la grand-mère quand elle remarqua la femme sur le seuil du salon.

Elle obéit et se mit à table.

Après avoir pris une douche, *Pavlik* entra dans le salon et vit Marianna assise dos à lui.

—Tu as bien dormi, ma belle ?

La "belle" se leva brusquement et se retourna si vivement que sa chevelure s'envola, ses yeux battant des cils ardemment. Une pensée terrifiante lui transperça l'esprit : "Il sait !".

Voyant la nervosité de la jeune femme, il continua :

—Je voulais juste m'excuser..., commença-t-il.

—Pourquoi donc ? Marianna ne saisit pas.

—Comment ça pourquoi ? Parce qu'hier je me suis endormi... C'était la première fois de ma vie, je te jure ! J'allais vraiment t'emmener...

"Mon petit ange ! Si tu savais toutes les choses que j'ai traversées depuis... j'ai oublié depuis longtemps !", se dit-elle mentalement, mais à voix haute répondit :

—Mais non, *Pashenka*, j'ai bien dormi ici, et toi aussi. Oh ! Enfin, je voulais dire, j'espère que toi aussi ?

—Oui, j'ai très bien dormi, et j'ai fait un rêve très étrange...

—C'est vrai ? Quel genre de rêve ?

—Je t'ai vu toi...

Marianna retint son souffle.

—Qu'est-ce que j'y faisais?, dit-elle la gorge complètement nouée.

—C'était juste... Prenons plutôt le petit-déjeuner?, il tira poliment une chaise et fit asseoir son invitée.

En fait, *Pavlik* avait rêvé de s'être réveillé aux côtés de Marianna, et il n'allait certainement pas lui en parler, alors il essaya de changer de sujet.

—J'ai un nouvel article à écrire... Je pense pouvoir le faire avant midi. Il me semblait que ta vie était plutôt ennuyante, alors je voulais te proposer de faire une promenade. Avec Alexeï et moi, pour ainsi dire, changer les idées...

Marianna était aux anges, sans trop savoir pourquoi, et s'empressa d'accepter la proposition.

—Et ce soir, quand beaucoup de gens auront déjà lu la suite de mon blog, je dois aller au commissariat, pour savoir comment va et où est Indila... Et pour montrer le nouvel article. Si nécessaire, j'irai même jusqu'au président! poursuivit *Pavlik*.

La jeune femme sourit.

Marianna proposa son aide pour les tâches ménagères à la grand-mère Louba, mais celle-ci refusa catégoriquement: "repose-toi, ma chère, cela te fera du bien".

Lorsque la jeune femme retourna dans la chambre, elle s'assit sur le lit et plongea dans une profonde réflexion. Soudain, son regard se posa sur un livre posé sur la table. Marianna le prit dans ses mains, le tourna, l'examina attentivement et l'ouvrit. Un morceau de papier en est sorti et est tombé par terre. La jeune femme se baissa, le ramassa et le retourna: c'était un dessin d'enfant, mais si bien dessiné que Marianna compris immédiatement qui étaient les personnages dessinées. C'était *Pavlik*, mamie Louba et la fillette. "C'est Indila qui a dessiné ça", comprit-elle, et descendit dans la cuisine pour montrer sa trouvaille à la grand-mère Louba.

—C'est tombé du livre qui était sur la table de nuit. Ce doit être Indila qui a dessiné... Vous l'aviez vu? - elle tendit le morceau de papier à la grand-mère.

On pouvait lire de la tendresse sur le visage de mamie Louba:

—Non, je n'avais pas vu, dit-elle tristement, et elle retourna la feuille. Il y avait des fleurs dessinées dessus: une fleur bleue, qui avait de grands yeux noirs avec de longs cils, dont une petite germination, un petit bourgeon fermé; la rouge était à gauche de la bleue, et se penchait fortement vers elle, elle avait des yeux bleus gentils; et à droite de la bleue, plus loin, se trouvait un grand soleil, vers lequel tendait une petite fleur violette aux yeux verts.

—Je vais aller montrer à *Pavlik*, dit la grand-mère.

À treize heures, mamie appela tout le monde à table. Après manger, comme Pavel l'avait promis, ils partirent se promener.

—*Pasha*, est-ce que je pourrais te poser une question?

—Je t'en prie! permit-il avec enthousiasme.

—Pourquoi tu n'es pas en couple? elle se gêna elle-même de sa question, mais le degré de sa curiosité dépassait celui de sa timidité.

—Eh bien, j'allais me marier!

—Et du coup?

—Et du coup rien. Rien. Ma, non, elle n'est plus "ma", Irène est partie avec un riche, et en plus vieux, bouc!

—Oh, je suis désolé, je ne pensais pas que…

—De quoi es-tu désolée? Je ne veux pas d'une femme qui soit plus amoureuse de l'argent que de moi. Et je suis sûr qu'une jeune femme normale, comme toi par exemple, ne ferait pas ça. N'ai-je pas raison?

—Bien sûr que si, tu as raison.

La curiosité de Marianna fut satisfaite et la conversation terminée.

Après la promenade, *Pavlik*, vérifia sur son téléphone les vues et les commentaires. Tout se passait comme prévu: les vues sont nombreuses, les commentaires pour défendre l'orpheline et la grand-mère aussi.

Je dois aller à la police, informa-t-il Marianna.

—D'accord, Alexeï et moi, on va y aller, soupira-t-elle.

—Je vais vous emmener.

Ils montèrent dans la voiture.

—Et… Tu sais quoi, transmets à ma mère que je reviens tard. Okay?

—Comment je fais pour lui dire ?

La voiture se mit en mouvement.

—Comment faire ? Tu sors de la voiture, tu prends Alexeï, tu entres dans la maison et tu dis à ma mère que je serai en retard. D'autres questions ? demanda-t-il avec un faux ton de commandant et un grand sourire.

—Oui… Ce n'est pas chez moi que tu ne nous ramènes ?

—Tu ne vas pas retourner là-bas !

—Et qu'en est-il d'André ?

—Oui, d'ailleurs, quand André appellera, tu ME dis sans faute. Tu as compris ? Sans faute ! Tu ME dis, à moi.

—Compris, elle baissa les yeux et répondit d'une voix basse.

—Marianna, promets-le moi, que tu n'iras à sa rencontre seule, et s'il appelle, tu ne réponds pas. C'est moi qui lui parlerai.

—J'ai tout compris.

—Mais tu as raison, allons chercher tes affaires. J'avais complètement oublié.

—*Pasha*, merci… D'être là.

Pavel sourit faiblement, mais ne répondit rien, considérant que tout vrai homme ferait exactement pareil.

Une fois chez mamie Louba, *Pavlik* déchargea les affaires de Marianna et partit.

Au poste de police, personne n'avait entendu parler d'une quelconque fille, ce qui rendit Pavel très nerveux. Il était complètement perdu quand, soudain, il se souvint du nom du jeune policier :

—Qui ne connaîtrait pas Allan ?

—Qui ne le connaîtrait pas ? Je vais le chercher.

Quelques minutes plus tard, le jeune homme blond aux yeux bleus apparut :

—Bonjour... Vous êtes... Ah oui, Pavel !

—Moi-même. Où est Indila ? Pourquoi personne ici n'est au courant de rien ? Comment va-t-elle ?

—La fille va bien, le rassura Allan. Nous l'avons envoyée dans un orphelinat juste à l'extérieur de la ville, où elle est depuis deux ans, donc elle va bien. Nous avons trouvé une place pour elle là-bas.

—Je dois y aller, est-ce qu'il y a l'adresse exacte ? Je dois parler au directeur, aux enfants, à elle-même... Ne vous méprenez pas, c'est dans une optique professionnelle.

—On se tutoie ?

Pavlik acquiesce et Allan poursuit :

—Je viens de lire ton blog... Bravo, tout le monde ne pourrait pas accueillir un enfant comme ça... Et encore moins se battre pour le récupérer. Je respecte ça, vraiment.

—Merci, soupira *Pavlik*, Si seulement il y avait quelqu'un pour me guider dans tout cela...

—Tu veux prendre un interview ? demanda le policier.

—Oui. Et prendre des photos.

Allan regarda sa montre : il était dix-sept heures moins le quart. Il réfléchit un moment, puis répondit :

—Je ne suis pas sûr qu'ils te laisseront entrer en tant que journaliste... Tu es en voiture ? *Pavlik* hocha la tête. Super. Attends-moi là. Dans un quart d'heure, je sors, et on y va.

Pavlik comprit qu'il avait une chance inouïe. Avec un policier, on ne pourra juste pas l'empêcher d'entrer dans l'orphelinat.

Il remercia chaleureusement Allan, et partit l'attendre dans la voiture.

Comme promis, le policier sortit à dix-sept heures, et ensemble ils partirent à destination, selon les indications d'Allan.

Arrivés à l'orphelinat, et présentant les preuves d'une visite professionnelle, les jeunes gens furent conduits à la directrice. Elle se révéla être une femme sympathique et compréhensive, et accepta même d'être interviewée en personne. Dix minutes plus tard, Indila apparut à la porte du bureau. Elle était heureuse de voir "son frère" et sauta au cou de *Pavlik*: "Je savais que tu reviendras me chercher!". La directrice fut surprise que la jeune fille et le journaliste se connaissent personnellement, mais ne s'attarda pas sur les détails.

Une fois le travail terminé, Pavel présenta son blog à la directrice. Il lui parla de l'adoption de la fillette, au nom de la grand-mère Louba, ce à quoi elle répondit que pour elle, le fait que la femme soit retraitée ne posait aucun problème, à condition qu'elle puisse élever la fillette dans des conditions décentes, d'autant qu'ils bénéficiaient d'un soutien massif, ce qui pouvait contribuer à la décision du tribunal de leur accorder l'adoption.

Ils convinrent également que Pavel reviendrait demain avec la grand-mère en personne, et qu'il prendrait une photo d'elle et d'Indila à travers la clôture à l'aide d'un croquis qu'il avait préparé à l'avance sur l'ordinateur.

—Dors bien, ma petite chouquette, dit doucement *Pavlik* à la fillette.

—A demain! se réjouit-elle. Je t'attendrai!

Pavlik partit au travail, où il présenta ses interviews, ses photos, les progrès et les résultats du blog et des magazines, ainsi que ses projets pour demain.

Le patron approuva le travail efficace du précieux employé et celui-ci rentra chez lui.

Entre-temps, Marianna aida mamie Louba dans les tâches ménagères, dans la préparation des fromages, puis elle partit s'occuper de son fils. Il lui semblait que le temps s'étirait plus que jamais ce soir. Son "héros", qui l'avait réellement hébergée, lui manquait.

"Qui à part *Pavlik* pouvait rentrer?" pensa Marianna en descendant les escaliers en courant:

—*Pavlik*, c'est toi?" s'exclama-t-elle. Mais la déception l'attendait, Oh, c'est vous, tante Louba, je pensais que...

—Que c'était *Pavlik*, j'ai cru comprendre, finit sa phrase la mamie. Il te manque déjà à ce que je vois!

Marianna se sentait terriblement mal à l'aise. Elle ne voulait pas avoir l'air frivole, et essayait de trouver une excuse, quand soudain une nouvelle vague de bonheur l'envahit.

—Bonsoir, tout le monde! Vous me saluez à la porte? *Pavlik* passa la porte.

—Oui! lâcha-t-elle.

Pavlik dîna, puis raconta comment tout s'était passé. La grand-mère était très contente, étant donné que demain elle verrait la fillette. Marianna l'était aussi. Tout le monde partit se coucher.

Le matin, Marianna fut réveillée par le bébé. Elle le prit et descendit dans le salon où il y avait déjà du bruit.....

En descendant les escaliers, elle vit la grand-mère et *Pavlik* rassembler des affaires en vitesse.

—Bonjour, attira l'attention la jeune femme.

—Bonjour, la salua mamie Louba avant de quitter la maison.

—Salut Marianna, tu es déjà réveillée? Nous partons, donc toute la maison est à ta disposition.

—Où allez-vous ?

—À l'orphelinat, faire un shooting avec Indila! Il caressa l'épaule de Marianna et se dépêcha de sortir. La porte claqua. Le bébé affamé commença ses caprices.

—Viens, viens mon petit, berçait-elle le bébé. Viens, je vais te nourrir.

Vers midi, la jeune femme décida de faire une surprise à ses hôtes avec un savoureux déjeuner.

Elle prépara tous les ingrédients pendant que l'enfant jouait sur le clic-clac. Quand tout était prêt, elle mit le tout dans une casserole et la mit sur le feu. Marianna prit le garçon dans ses bras, et monta au premier étage. Elle jouait avec lui, bien que ses pensées soient lointaines. Elle pensait à André, à *Pavlik*, et à la vie qui l'attendait. Soudain, Marianna se souvint qu'elle avait sa soupe sur le feu.

—Purée! cria-t-elle.

Elle mit rapidement le bébé dans le lit pour qu'il ne tombe pas et courut en bas. Il y avait tellement de fumée dans la cuisine qu'il était difficile de garder les yeux ouverts. Elle éteignit rapidement le gaz et ouvrit les fenêtres.

Mamie Louba est apparue de nulle part :

—Qu'est-ce qui se passe ? Où est le bébé ?

—Il est en haut dans le lit de bébé. Tout va bien.

En quelques minutes, la cuisine fut aérée.

—Qu'est-ce qui s'est produit ici ? Demanda la grand-mère.

Marianna ne savait quoi dire, elle secouait la tête d'avant en arrière.

—C'était un accident, vraiment, je voulais juste préparer un plat, ses lèvres tremblaient, son menton se releva, des larmes coulèrent de ses yeux.

Pavel entra dans la maison :

—C'est quoi cette odeur? cria-t-il depuis le vestibule, mais lorsqu'il entra dans la salle, il comprit immédiatement. En voyant la jeune femme rougissante, toute paniquée, il se précipita, inquiet, et prit ses mains:

—Rien d'irréparable ne s'est produit. Tu entends?

Ses sanglots ne firent que s'intensifier.

—Je vais aller voir comment va le bébé, la grand-mère sortit de la cuisine et se dirigea vers le premier étage.

—Je, je n'ai pas fait exprès... sanglotait-elle, essayant de se faire comprendre. Je voulais préparer le déjeuner. Ça ne m'est jamais arrivé de ma vie...

Pavel la serra contre lui et remarqua soudain qu'il voyait une certaine ressemblance entre Marianna et Indila. Il caressa ses longues boucles:

—Marianna, merci beaucoup pour ta bonne intention. Tu m'entends?, personne n'avait jamais parlé à Marianna avec telle douceur, elle était comme sous le charme d'un prince de conte de fées.

—Hmm, tenta de répondre la jeune femme rassurée. Elle enlaça à son tour Pavel, et profita silencieusement du moment.

Sa tête était contre sa poitrine, et elle pouvait entendre chaque battement de son cœur. Quelques instants plus tard, elle releva la tête et regarda son héros: ses yeux bienveillants la fixaient tendrement. Pavel lui caressa le dos et lui sourit de manière encourageante.

La jeune femme parla:

—*Pasha*, je t'aime tellement! Vous êtes mon héros!

Pavlik sourit:

—Mets un peu d'eau sur ton visage il tourna une de ses boucles noires autour de son doigt, la remit minutieusement l'arrière, puis s'éloigna.

Pendant le reste de la journée, *Pavlik* travailla sur la poursuite du projet.

Mamie passa toute la journée à regarder la télé.

Marianna proposa d'abord quelques idées d'article à Pavel, et passa le reste de la journée avec l'enfant, dans sa chambre.

Le lendemain, tôt le matin, *Pavlik* partit au travail et ne revint qu'à huit heures du soir. Après le dîner, la jeune fille monta dans sa chambre et entendit *Pavlik* et sa mère parler sur un ton élevé, mais ce qui se disait était inintelligible. Marianna n'étant pas du genre à écouter aux portes, elle essaya de ne pas leur prêter attention, même si elle était nerveuse. Puis, elle entendit la porte d'entrée claquer et regarda par la fenêtre: *Pavlik* s'installa dans une des chaises longues, se couvrit d'un plaid, et se mit à contempler les étoiles. S'assurant qu'Alexeï dormait profondément, la jeune femme osa sortir.

—*Pasha*, comment tu vas?

—Je vais bien, merci. Demain, tu emménages chez moi, annonça-t-il tout à fait sereinement et naturellement.

—Comment…? Et pourquoi? Alexeï et moi, on ennuie ta mère, c'est ça? Je ne…

Pavlik lui prît la main et la fît s'asseoir à côté de lui sur sa chaise longue:

—Ne t'inquiète pas, ma belle, respire. Tout va très bien se passer. Je pense juste que tu seras plus à l'aise là-bas.

Marianna, dans sa vieille habitude de demander la permission de son mari pour chaque petite chose, voulait demander à *Pavlik* si elle pouvait sortir aller au magasin demain. Elle commença:

—*Pasha*, est-ce que je peux…

Mais il l'interrompit:

—*Mariash*[9], bien sûr que tu peux. Tu as le droit de faire tout ce que tu veux, lui a-t-il lancé avec un sourire affectueux.

Marianna a oublié ce qu'elle allait demander. Elle se contenta de répéter dans ses pensées: "Bien sûr que tu peux. Tu as le droit de faire tout ce que tu veux". À ce moment-là, son corps n'obéit plus à son esprit. Ses bras s'enroulèrent autour du cou de Pavel, son corps s'avança, leurs lèvres se rencontrèrent…

—Marianna! Marianna, *Mariash*! Réveille-toi!, une voix familière l'appelait de loin.

Elle ouvrit les yeux. On frappa à la porte entrouverte:

—Alors, tu es réveillée? *Pavlik* tenait dans ses bras ·*Lyocha*[10], tout habillé, et prêt à partir. Quelle maman marmotte tu as, hein? On s'est déjà habillé, on a mangé, et elle dort encore! - il se tourna vers le bébé qui riait.

—Viens ici, mon petit bonheur! dit Marianna, en prenant le bébé à *Pavlik*.

Après quelques secondes, le jeune homme reprit le garçon:

—Du coup, regarde, lui, il est déjà prêt. Je vais démonter le lit de bébé et le mettre dans le coffre. Change-toi, prends le petit-déj, et allons-y.

—Où ça?, demanda la jeune femme encore à moitié endormie.

—Comment ça « où ça »? Je te l'ai dit hier soir, tu emménages avec moi. La nuit dernière, sous le ciel étoilé…

Soudain, les yeux de Marianna se sont élargis et elle se enfin réveillée:

—Alors ce n'était pas un rêve?, la phrase sortit de sa bouche.

Pavel regarda le rez-de-chaussée où se trouvait sa mère depuis l'escalier. S'assurant qu'elle n'était pas dans les parages, il répondit:

—Non, pas un rêve.

Marianna avait déjà ouvert la bouche pour se justifier, mais *Pavlik* en profita de l'instant pour l'embrasser. Puis il la regarda droit dans les yeux, lui adressa un sourire espiègle, prit Alexeï et quitta la pièce en fermant la porte derrière lui.

"Quelle matinée, dis donc!", pensa-t-elle. La jeune femme se changea rapidement, prit ses affaires, prit un petit-déjeuner et ils partirent pour l'appartement de *Pavlik* en ville.

Une fois sur place, Pavel fit à Marianna une visite guidée du nouvel abri. Parmi les pièces, il y avait: une chambre à coucher avec un lit et une armoire, un séjour avec un canapé, une télévision, un buffet, et une cuisine avec des meubles ordinaires et un aquarium assez grand.

—Tu vas dormir ici, et moi, j'irai dans le salon, dit *Pavlik* en lui montrant la chambre avec le beau lit double.

—Mais qu'est-ce que tu racontes? Bah non, je ne compte pas t'expulser!, protesta la jeune femme.

—Qui est le propriétaire de cet appartement? Réponse

correcte, c'est moi. Donc c'est moi qui décide qui dort où. Tu vois?

—Je vois, dit Marianna, un peu gênée, puis elle sourit largement et enlaça son hôte.

Au déjeuner, que *Pavlik* avait préparé, Marianna demanda:

—Qu'est-ce qu'on va faire d'André?

—Tu vas faire une demande de divorce. La seule chose pour laquelle je n'ai pas encore trouvé de solution, c'est comment le convaincre d'abandonner ses droits sur l'enfant.

Marianna faillit s'étouffer.

—Ce n'est pas du tout nécessaire", dit-elle.

—Quoi? Comment ça? Tu ne veux pas lui retirer ses droits parentaux? Tu es sérieuse?

—*Pasha*, attends, tu ne comprends pas, la jeune femme hésita un moment, En fait... Le truc c'est que... Tu vois, *Pasha*, je te le dis parce que je sais que tu comprendras, ce qu'il y a, c'est qu'il n'a déjà aucun droit sur l'enfant. Parce que... Parce que l'enfant n'est pas de lui!

Les sourcils de Pavel se levèrent. Pendant quelques secondes, il essaya de digérer la nouvelle inattendue. De nombreux questionnements lui remplirent la tête, mais Pavel, émotionnellement stable, décida de mettre fin à ce flot d'hypothèses inutiles, et poursuit calmement la conversation:

—D'accord, supposons. Et de qui du coup?

—Est-ce qu'on peut en parler une autre fois?, demanda Marianna. Pardon, *Pasha*, ce n'est pas le meilleur moment... Et je ne me sens pas très bien moi-même actuellement...

—Okay, accepta-t-il. Bon.

Et après une courte pause, il dit:

—Au fait, on ira chez toi ce soir pour prendre le reste des affaires.

Après le déjeuner, *Pavlik* partit travailler pendant un certain temps. Une fois revenu, il entendit le bébé pleurer. Il entra dans la chambre et vit Alexeï assis en pleurs dans le lit de bébé. Quant à Marianna, les yeux fermés et toute recroquevillée, elle était allongée sur le grand lit. Pavel prit le bébé dans ses bras et partit dans la cuisine. Il lui fit de la purée de fruits et le nourrit. "Étrange, même le bruit du mixeur ne l'a pas réveillée", pensa-t-il, et entra dans la pièce. Il posa le bébé sur le grand lit :

—Va réveiller maman, Pavel avait hâte de lui annoncer la nouvelle.

Alexeï rampait sur sa maman, mais elle ne se réveillait pas. *Pavlik* commença à stresser :

—Hé, Marianna, lève-toi, ne me fais pas peur...

Il commença à secouer son épaule. La jeune-femme ouvrit enfin les yeux. Ils avaient l'air très malades. Ce n'est que maintenant qu'il remarqua qu'elle tremblait.

—*Pashenka*, j'ai si froid.., dit-elle toute tremblante.

—J'ai compris ! Il courut jusqu'à l'armoire, d'où il sortit une couverture chaude et y enveloppa Marianna.

Il comprit que Marianna était malade et déplaça immédiatement le lit avec Alexeï dans le séjour. Il prépara un thé chaud avec des framboises et l'apporta à la jeune femme malade :

—Tiens. Bois ça.

—*Lyocha*... Où est mon *Lyocha* ? elle pouvait à peine parler.

—Il est nourri, il va bien. Je vais rester avec lui pendant que tu es malade. Pour pas que tu le contamines.

—*Pasha*, tu es un saint.., dit Marianna et s'endormit.

"Elle prendra le thé plus tard alors", pensa le jeune homme, et il se rendit dans le séjour.

—Allo, bonjour, maman.

—Quoi, tu as changé d'avis ? Tu as enfin compris que ta

mère avait raison et qu'il est temps pour toi d'arrêter de te mêler des affaires des autres?

—Non, répondit-il fermement. Je sais que ce n'est pas le bon moment, mais je dois te demander...

—Demander quoi? Tu veux encore ramener quelqu'un à la maison?

—Non, en fait si, je voulais te demander de t'occuper de *Lyocha*... Au moins jusqu'à demain soir. Et quand je l'amènerai, je vais prendre le thermomètre...

—Et où est sa mère?, mamie Louba l'interrompit à nouveau.

—Chez moi. Allongé sur le lit avec de la fièvre. C'est pourquoi je voulais t'emprunter le thermomètre...

—Oh, que Dieu me pardonne, je ne pensais pas que c'était quelque chose de sérieux...

—La bonne nouvelle, c'est que des milliers de commentaires ont fait réfléchir les services de protection de l'enfance sur l'adoption d'Indila...

La directrice de l'orphelinat m'a aussi contactée et pour me dire qu'elle essaierait également de faire d'appuyer de son côté... Je vais aussi essayer d'obtenir une rencontre avec le maire, peut-être pourra-t-il nous aider... En dernier recours, s'il n'y a pas de progrès dans quelques jours, nous devrons aller au tribunal.

Pavlik emmena le bébé chez la grand-mère et revînt avec un thermomètre. La température de Marianna atteignait presque quarante degrés. Elle était toute trempée de sueur. Pavel essaya à plusieurs reprises de la faire se lever pour qu'elle se change, ce à quoi la jeune femme, dans un murmure, ne répondait que "je ne peux pas".

Pavel n'allait évidemment pas fouiller dans les sacs de la jeune femme, alors il prit un T-shirt et un pantalon de sport dans son armoire et les enfila sur Marianna, à la place de ses vêtements trempés.

Il se mit à chercher dans toutes ses poches la note contenant des herbes médicinales que Marianna avait laissé pour lui lorsqu'elle était venue le soigner. La jeune femme n'était pas en état de comprendre ou de répondre à des questions, *Pavlik* devait donc se débrouiller tout seul. Il vérifia partout, mais hélas, il ne trouva rien. "Si elle n'est nulle part, alors où est-elle ?" pensa-t-il, "Puisqu'il n'y a pas de remèdes naturels, je vais au moins aller acheter des médicaments à la pharmacie…"

De retour à la maison, il prépara rapidement de la purée de pommes de terre. Il en nourrit la jeune femme avec quelques cuillères et lui donna ensuite le médicament.

Marianna se coucha. *Pavlik* reprit son travail.

Quand il revînt la voir quelques heures plus tard, la jeune femme avait à nouveau transpiré. Grâce aux médicaments, elle se sentait mieux et mit de nouveaux vêtements, les siens cette fois.

—Où est mon *sinotchek*[11] ? Où est *Lyocha* ? demanda-t-elle.

—Il est chez ma mère. Ne t'inquiètes pas, elle s'occupera bien de lui.

—Pourquoi tu ne m'as pas dit que tu l'emmenais…

—Comment ça, je ne t'ai pas dit ? Je t'ai… Bon, tu avais une forte fièvre, tu ne te souviens peut-être pas… Je ne voulais pas que tu le contamine.

—Merci, Pash.., ses yeux se fermèrent lentement, elle se rendormit.

—Dors, ma belle, dors d'un sommeil guérisseur, marmonna Pavel, et il sortit.

En fait, *Pavlik* devait se rendre à son travail et à la mairie, mais il était hors de question de laisser la petite malade seule, même pour un court instant. Il a dû continuer à rédiger son blog à la maison et l'envoyer sous forme numérique au chef, ce qui prit beaucoup plus de temps. "Si elle se sent mieux demain, j'irai voir le maire demain matin...", a pensé *Pavlik*. Lorsqu'il eut terminé son travail, il alla voir Marianna une fois de plus: elle dormait comme un bébé.

Pavlik a souri et a compris toute la situation: "Il y a tout juste trois semaines, ma mère a fait entrer une sans-abri dans la maison; quelques jours plus tard, je suis tombé tellement amoureux d'elle que je me bats maintenant de toutes mes forces pour la récupérer; quelques jours plus tard encore, j'ai rencontré un ami d'enfance qui se avéré être un drogué; hier, j'ai embrassé la femme de cet ami; et maintenant, elle dort malade dans mon lit!".

Cette nuit-là, *Pavlik* a mal dormi: toute la nuit, sa tête a tourné: "Indila - Marianna - Andrey - Maman; Indila - Marianna - Orphelinat; Marianna - Indila... Et le maire! C'est vrai! Il est temps de se lever!"

Pavel sauta du lit et se dirigea vers la chambre.

—Bonjour, *Pashenka*, dit Marianna affectueusement. Elle était assise sur le lit, brossant ses boucles épaisses.

—Bonjour, tu te sens mieux? demanda-t-il?

—Oui, et grâce à toi, sourit-elle d'un air narquois.

—Attends, ne sautes pas aux conclusions. Je vais te préparer un petit-déjeuner. Quand tu auras mangé, il faudra prendra le médicament.

Il revînt avec un beau plateau et a servit le petit déjeuner à la jeune femme.

—Je dois aller à la mairie... Peux-tu te débrouiller sans moi pendant quelques heures?

—Bien sûr que je peux. Tu ne va pas annuler tes plans à cause de moi, quand même!

Pavlik sourit, et dit doucement:

—Tu as déjà changé mes plans de vie de toute façon.

—Comment? redemanda Marianna.

—Rien, je disais, repose-toi bien, j'y vais et je reviens rapidement..

La rencontre avec le maire était prévue dans deux jours.

Lorsque *Pavlik* revînt, Marianna dormait encore. Il réchauffa le plat et le lui apporta:

—Marianna, c'est l'heure de te réveiller, lui dit à l'oreille *Pavlik*.

—Wouah!, exhala-t-elle. Merci, tout un petit-déjeuner au lit!

—Plutôt un déjeuner...

—Pash, tu peux appeler ta mère et lui demander comment va mon *Lyochenka*[12]?

—Yes, je fais ça. Et toi - mange!

—Bonjour, maman... Comment vas-tu? Comment va Alexeï? Oui, merci. Marianna va mieux. Je l'espère. J'ai organisé une réunion avec le maire. Après? Eh bien, dans ce cas, nous allons faire un procès... Non, ce n'était pas une blague, j'avais dit que j'irai jusqu'au Président s'il le faut!... Allan m'a donné un papier disant que les retraités ont aussi le droit d'adopter. C'est un très bon papier, qui, d'ailleurs, pourrait être très important. ... Oui, merci beaucoup. Ok, aller... Bisous, bye.

Il retourna dans la chambre:

—Maman dit que tout va bien et t'a souhaité un bon rétablissement, dit-il, en ajoutant mentalement: « Pour qu'on récupère Alexeï au plus vite, car elle en est lassée", mais il ne le prononça pas à voix haute, bien évidemment.

Pavlik continua son travail. Il est arrivé au moment d'insérer les photos. Il envoya tout ce qu'il avait sur le téléphone sur l'ordinateur et ouvrit le dossier où étaient stockées toutes les photos et vidéos des deux dernières années. Le mauvais fichier s'ouvrit accidentellement. En la voyant, Pavel senti son cœur tomber, quelque part très profondément, dans des terres lointaines où sont stockés les souvenirs lointains. Celui-ci était l'un des plus douloureux. Il avait déjà appuyé sur la petite croix, quand soudain, il vit Marianna dans l'embrasure de la porte.

—*Pasha*, tout va bien ? demanda-t-elle avec inquiétude.

Il l'invita à s'asseoir à côté de lui et ouvrit à nouveau la photo : Sur l'écran, on voyait un paysage hivernal, un parc, des arbres dans la neige… Et au premier plan, une jeune-fille mince. Elle avait des yeux verts, des joues rouges, du rouge à lèvres rouge, un large sourire et des cheveux foncés avec des pointes rouges. Sur la photo, elle avait l'air très heureuse.

—Qui est-ce ? demanda Marianna.

Pavlik soupira.

—C'est Irène, c'est ça?

—Oui. Comment tu l'as su?

Marianna haussa les épaules:

—Le prénom lui va bien. Elle a l'air si... Forte, brave, courageuse...

—C'est ce qu'elle était.

—Cette photo a été prise quand vous étiez encore ensemble?

—Oui.

—Elle a l'air si heureuse ici... C'est parce qu'elle était avec toi, très certainement, Marianna regarda *Pavlik* avec ses yeux doux et magnifiques.

—Je ne sais pas ce qu'elle était et ce qu'elle est. Je m'en fiche. Si elle était si bien avec moi, elle ne serait pas partie.

—Tu t'en veux toujours?

—Bah... Non. C'est que ça devait arriver. C'est juste que... Si elle est partie, ça veut dire qu'il y a quelque chose qui ne va pas en moi.

—Non, *Pasha*. Cela signifie simplement qu'elle n'a pas su t'apprécier à ta juste valeur! Ou alors qu'elle a des critères bien étranges.

Pavlik sourit et, du revers de la main, caressa doucement la joue de la jeune femme.

Soudain, le téléphone de Marianna sonna. C'était André.

Marianna leva les yeux vers *Pavlik*. Puis, de nouveau, elle baissa les yeux sur le téléphone. Puis les releva à nouveau...

—Donne-moi ça, *Pavlik* décrocha, mais ne dit rien.

—Marianna! Prépare-moi du *borsch*[13]. Je serai là dans quelques heures, alors dépêche-toi!, André raccrocha

—Mouais. Apparemment il n'y a même pas besoin de parler, il a parlé tout seul, puis il a raccroché! reporta *Pavlik*.

—Et qu'est-ce qu'il dit? s'inquiéta-t-elle.

—Il veut du *borsch*!

—Du *borsch*? C'est tout?

—Oui-i, *Pavlik* ne comprit pas entièrement cette réaction.

—C'est peu. D'habitude, il commande plusieurs plats, s'étonna Marianna.

—Tu es sérieuse là? Non, ne répond pas à cette question, vaut mieux pas. Je vais aller chez toi et l'attendre là-bas. Ah oui, et je prendrai aussi tes dernières affaires.

Marianna ouvrit la bouche, mais ne savait quoi dire. *Pavlik* prit la route.

CHAPITRE 4 : QUAND LE PASSÉ EST PROCHE...

La clé fit un tour, la porte s'ouvrit. Le propriétaire enleva ses chaussures et entra dans la cuisine. Une surprise l'attendait : à sa place, était assis un homme, les pieds sur la table et les mains croisées derrière la tête. L'invité inattendu tourna la tête avec dédain, et dit :

—Eh bien, bonjour André, ça faisait longtemps que je t'attendais !

—*Pasha* ?! s'exclama l'hôte. Mais... Tu... Euh... Je... Et Marianna...

—Oui, à propos de Marianna. Je suis venu chercher ses affaires.

—Quoi ? Mais ça va pas toi, t'es complètement... ?

—Oui, je suis « complètement ». Elle ne reviendra pas ici.

—Donc il n'y aura pas de *borsch*.., André exprima sa déception à haute voix. Qui c'est qui va la garder avec l'enfant à part moi ?

—Laisse-moi réfléchir... Moi !

—A quoi elle te sert ? Ton « tchoudo-youdo » te suffit pas ?

—Merci de ton intérêt envers ma vie privée, cher ami, mais je pense pouvoir décider seul de qui me suffit et qui ne me suffit pas. Voici la paperasse. C'est pour la demande le divorce. Tu peux signer. Si tu ne le fais pas, ce n'est pas grave, le tribunal validera le divorce à Marianna dans tous les cas.

—Pff, tu me cherches des poux dans la tête.

—*Marianka*[14] a donc pris de tout son courage de me faire peur. Elle a donc décidé de me faire du chantage. Très bien, très bien. Nous verrons bien qui aura le gain de cause. Quand elle verra que j'ai signé, elle accourra d'elle-même!" pensa André.

—T'inquiète, je vais tout signer, il prit un stylo et commença à remplir les formulaires.

Pendant ce temps, *Pavlik* partit chercher les affaires de Marianna. Il mit tous les vêtements qu'il put trouver dans un grand sac et retourna à la cuisine, où André terminait déjà la paperasse.

—Il est écrit là, les documents qu'il faut joindre, du genre, une photocopie du passeport, du tampon[15].., ajouta Pavel.

—Je sais, t'inquiète, je finis dans une minute.

Quand tout était prêt, Pavel rentra. Marianna ne semblait pas avoir bougé depuis son départ. Elle était assise sur le lit, devant l'ordinateur portable.

—J'ai parlé à André. Voici tous les documents. Tout est signé, il s'assit à côté d'elle, et passa son bras autour de ses épaules, Que regarde-tu ?

—Tu as laissé ton ordi avec les photos. Je les ai faites défiler. Il faut bien que j'apprenne le déroulement de ta vie de ces douze dernières années.

—Euh, oui, répondit *Pavlik*, incertain.

—Oh, je n'aurais pas dû regarder ? Je ne pensais pas que ça te dérangerait...

Pavel prit sa main et l'embrassa lentement:

—Tu as raison, tu dois tout savoir sur moi. Et moi sur toi.

Tu es partie de la ville, et ensuite ? Qu'est-ce qui t'es arrivé après ?

—Je suis parti quand j'avais 12 ans, oui. Ma tante a trouvé un travail dans une grande ville, et m'a emmené avec elle. Là-bas, elle s'est trouvée un petit copain et m'a complètement oubliée. Il avait son propre café, et quand je les gênais, ce qui était toujours le cas, ils m'envoyaient travailler là-bas. Puis j'ai compris que pour éviter d'être obligée de travailler là-bas, il fallait que je ne rentre juste pas à la maison. J'ai décidé de trouver un travail pour lequel je serais payée. Donc je travaillais avec des fleurs. La floriculture, les bouquets… Quand c'était la saison. J'ai commencé à étudier les plantes, j'ai appris qu'il y avait des plantes médicinales. J'ai fait mes études, j'ai obtenu un diplôme en conception de paysage esthétique, j'ai suivi des formations sur les herbes médicinales et j'ai donné naissance à Alexeï! Puis j'ai épousé André. Voilà toute mon histoire! Rien d'intéressant.

—Attends, donc ça fait qu'André t'a prit déjà avec un enfant ?

—Oui. C'est pour ça que je me sens ingrate de le quitter, il a fait beaucoup pour nous, hésita Marianna.

—Non. C'est bien gentil de t'avoir accueilli, certes. Mais en aucun cas ça ne lui donne le droit de te traiter de la sorte !

—Peut-être que tu as raison…

—Non, ce n'est pas "peut-être", c'est sûr, Pavel réfléchit quelques instants. Et qui est le père du coup ?

—De qui ?

—De *Lyocha*.

—Ah… Bah…, la jeune femme soupira. Elle commença à regarder autour d'elle, comme si elle cherchait du soutien.

Soudain, l'expression du visage de *Pavlik* devint encore plus sérieuse que d'habitude :

—Marianna, il faut vraiment que tu saches que je ne suis pas là pour te juger. Et en plus, je suis là pour te soutenir en tout, il posa sa main sur la sienne et la regarda de ses yeux bienveillants et apaisants.

Marianna parla:

—Après l'université, je ne savais pas où aller ni quoi faire. Et je n'avais presque pas d'argent. J'ai loué une chambre et j'ai commencé à chercher un emploi. Un jour, on m'a proposé un travail de fleuriste: je devais constituer des oeuvres florales pour un mariage. Là, pendant les préparatifs, j'ai rencontré le plus beau des jeunes hommes. Qu'est-ce qu'il me faisait la cour! J'ai donc fait du bon travail, et j'ai également été invité à ce mariage luxueux et coûteux, que je n'avais même pas vu dans les films! La salle était immense et les invités étaient divertis par des danseuses en robes magnifiques... Leur beauté était indescriptible! Les tissus à motifs, ces chapeaux, ces éventails... Les rideaux du hall étaient royaux. Leur opulence était hypnotisante! Je ne parle même pas des nombreux plats! Ce jour-là, j'ai appris que le jeune homme, il avait alors trente-deux ans, était le jeune marié. Son épouse était une femme d'une quarantaine ou d'une cinquantaine d'années. Elle portait une robe classique moulante à motifs blancs très ordinaire qui accentuait bien tous ses défauts. Il me semblait que son look n'allait pas avec tout ce luxe, même si elle avait l'air riche. Quand l'homme m'a vu, il a dit quelque chose à l'oreille de sa vieille épouse et s'est approché de moi. Il a pris ma main et nous sommes sortis. Il faisait froid. Il a enlevé sa veste et en a couvert mes épaules. Il a dit: "Enfuyons-nous!" et nous nous sommes enfuis... Comme il me l'a dit, personne n'a remarqué.

—Attends, l'interrompit Pavel, Comment ça vous vous êtes enfuis? Tu as dit que c'était le jeune marié! Comment a-t-il pu s'enfuir sans être remarqué? Tu ne confonds rien, là?

—Non, pour être honnête, je n'ai moi-même pas vraiment compris comment c'était possible. Il n'aimait pas que je pose trop de questions. Ça m'a intrigué qu'il ait annulé son propre mariage pour moi. J'ai pensé, à l'époque, que c'était un truc de riches, une sorte de formalité, comme ce qu'ils appellent un "mariage arrangé", mais cela n'a pas d'importance, j'étais tellement naïve à l'époque!

—Pourquoi? Qu'est-ce qu'il s'est passé entre vous?

—On est monté dans sa voiture de luxe et on est parti. Toute la nuit, nous avons marché dans des rues illuminées de notre grande ville. Puis nous avons regardé le coucher de soleil ensemble... Bref, tout était si romantique que j'imaginais le reste de ma vie à ses côtés: le plus fantastique, le plus intelligent, le plus fort, le plus beau et le plus riche des hommes.

—Et?

—Et après quelques mois de fréquentation, notre relation est devenue de plus en plus étroite. Il recevait des appels de quelque part, et il s'éloignait de moi pour y répondre. Je prenais ça pour de la politesse. Je croyais qu'il était de bon ton, comme selon les règles de la bienséance d'avant, de ne pas discuter auprès des femmes de politique, de finances et de ne pas les inclure dans les conversations d'affaires tout simplement. Mais une fois, quand un autre appel a retenti, il a ouvert la voiture et m'a dit de monter. Il s'est éloigné. Mais la porte était restée entrouverte..., à ce moment-là, les lèvres de la jeune femme tremblèrent. Et j'ai entendu la conversation.

—Et après? Tu apprends qu'il te trompe?

—Si seulement c'était ça!, Marianna s'écria presque. Il allait me tuer! Il discutait de quand et comment ça se produirait!

Elle se tut. Pavel était tout aussi silencieux. Il la regardait sans détourner le regard. Son visage exprimait un mélange de doute, d'horreur, d'incrédulité et d'attente d'une suite. Marianna ne disait toujours rien. La première chose que *Pavlik* voulut lâcher, était: "Tu n'as pas regardé un peu trop de films?" et s'il n'était pas en train de regarder Marianna à ce moment précis, et ne croyait pas jusqu'au fond de l'âme à ses propos, il l'aurait fait. Mais non. Il a attendu. Avec silence et patience.

—Au fur et à mesure que la conversation avançait, il s'éloignait de plus en plus de la voiture. Pendant qu'il avait le dos tourné, je suis sorti de la voiture et je me suis enfuie. Ma tante avait déménagé à la campagne avec son mari il y a longtemps. J'ai emménagé chez elle pour qu'il ne me trouve pas. Elle n'était pas très heureuse à cette idée, mais que pouvais-je faire, je n'avais pas d'autre choix. J'ai commencé à m'habiller de manière discrète, à porter des lunettes et je limitais comme je pouvais mes sorties de la maison. C'est à ce moment-là que je suis devenue apeurée comme ça: le moindre bruit, un "boom", des pas, me plongeaient dans une panique indescriptible. J'essayais de ne pas me montrer aux gens, de ne pas prononcer un mot inutile. J'ai essayé de trouver un emploi à la campagne, mais c'était difficile. Mon métier n'était pas demandé dans le village. Neuf mois plus tard, Alexeï est née. Travailler est devenu évidemment impossible. Nous avons vécu sur ce qui restait de mes économies. Puis, j'ai rencontré André par hasard. Il était le contraire de cet "idéal": simple, ouvert, inattentif, inculte, amateur de divertissements bon marché, comme des boîtes de nuit, les bars, des pubs. On a commencé à se parler. Il aimait beaucoup mon "accommodement", comme il l'appelait, et ma tenue du foyer, car il vivait lui-même, si j'ose dire, comme dans une porcherie. Il ne se souciait pas du fait que j'avais un bébé presque nouveau-né dans les bras. Il m'a demandé de l'épouser et je n'avais pas le choix. Ma tante là-bas veut me sortir, il n'y a ni travail, ni toit. Et là, il y a d'un coup, un mari, un endroit où vivre, on est en ville… Alors j'ai accepté, et il en résulte que je suis devenue son "esclave".

—Il connaît l'histoire de ton fils?

—Il connaît, mais pas celle-là. Tu es le seul à savoir ce qui m'est vraiment arrivé.

—Et ta tante?

—Elle en connaît des bouts, mais pas tout. Si je lui disais toute la vérité, elle me jetterait à la rue à l'instant même, pour ne pas mettre en danger sa petite personne. Non, je veux dire, je la comprendrais évidemment, mais qu'est-ce que j'étais censé faire ? Je ne savais pas…

—Marianna, tu n'as pas à te justifier, dans une situation d'urgence comme celle-ci, toute personne serait prête à presque tout pour éviter le danger. Je te comprends à cent pour cent, la rassura Pavel. Et André, il s'en fiche vraiment au point de ne même pas s'intéresser à l'origine de cette petite merveille ?

—Oh, je n'irai pas jusqu'à dire qu'il ne s'est pas intéressé. Il s'est intéressé. Je lui ai dit que j'étais "tombée en cloque" dans une boîte de nuit.

—Et c'est tout ?

—C'est tout.

—Et il a vraiment cru qu'une femme comme toi pouvait "tomber en cloque" accidentellement comme ça ?

—Oui, eh bien, il se contente de peu. Mais il a tout de suite imposé la règle que je ne devais pas le considérer comme un papa, et que je devais m'occuper toute seule de mon fils.

—Ah je comprends mieux ! *Pavlik* se souvint de leur rencontre au sujet de l'affaire sur Indila, chez mamie Louba. En plus, je m'étais demandé, comment une personne pourrait ne pas connaître l'âge de son enfant ?! Tu te souviens quand vous êtes passés chez maman ?

—Oui, c'était une situation assez gênante, Marianna sourit faiblement. Elle resta silencieuse un moment, puis ajouta, Ah oui, il y a ma sœur aussi qui est au courant. Je lui ai immédiatement tout raconté, mais elle a dit que seule une idiote comme moi pouvait se retrouver dans une telle situation et a, bien évidemment, refusé de m'aider.

—Ah c'est vrai !, Pavel la coupa. J'avais oublié que tu avais une sœur !

—Oui, je devrais l'oublier aussi, elle baissa la tête.

—Mais pourquoi? Votre relation est vraiment toujours aussi compliquée? s'étonna-t-il.

—Je dirais même pire. Elle avait seize ans quand notre tante a déménagé. Elle allait bientôt terminer l'école. Une fois terminée, elle est partie pour les études. Ensuite, elle a commencé à fréquenter toutes sortes de flambeurs à papa, puis a monté sa propre affaire, et elle a fini par m'oublier complètement.

—Mouais, exhala *Pavlik*, c'est très dommage. Je pensais qu'avec l'âge, les gens commencent à s'apprécier.

—C'est ce que je pensais aussi, dit Marianna. Tu sais, avant de vous rencontrer, ta mère et toi, je ne me suis jamais séparée de *Lyochenka*.

—Ton *sinotchek* te manque?

—Oui, beaucoup. Tu n'imagines pas à quel point.

—Si, j'imagine. Indila me manque terriblement. Et je ferais tout pour la récupérer.

—Tu es vraiment un homme parfait, *Pasha*, dit Marianna en toute sincérité.

—Non, hélas, des personnes parfaites n'existent pas. Je pense que tu as tendance à idéaliser les gens.

—Oui, malheureusement, c'est vrai. Sinon, je ne me serais pas enfuie le jour du mariage avec ce…, elle soupira.

—Oui, on dirait que tu n'as vraiment pas de chance avec les mâles, *Pavlik* haussa les épaules.

—Mais toi, j'en suis certaine, tu es une personne incroyablement aimante et serviable.

Pavlik sourit.

Le matin, les jeunes gens envoyèrent tous les documents de divorce d'André et Marianna. Pavel dit à Marianna de bloquer André dans le téléphone, "S'il y a urgence, il m'appellera", dit-il. Puis, ils partirent pour la maison de mamie Louba, récupérer Alexeï. Elle les invita à déjeuner. Marianna remercia chaleureusement la grand-mère d'avoir gardé son enfant et elles montèrent dans la voiture.

—Où veux-tu aller ? demanda le jeune homme.

—*Pasha*, on ira là où tu veux.

—Non, où toi, tu veux, répondit *Pavlik*, les yeux sournois et coquets.

Marianna rit, puis répondit :

—Allons faire les courses.

—Très bien. Allons-y. Tu iras au supermarché, et moi, et je dois récupérer un truc, c'est rapide.

* * *

La cité se perdait dans ses ultimes songes, tandis que les lumières des lampadaires veillaient encore sur les chaussées assoupies. Seuls les éclats de rires enfantins perçaient le silence, venant de loin :

—Attends ! Où cours-tu si vite ? Je n'arrive pas à suivre !

—Bah grouille-toi alors, on n'arrivera pas à temps sinon.

—Oh, mon bonnet!, la fille s'arrêta et se retourna.

—Il est là, tiens.

—Merci, *Pasha*, sourit-elle, en tirant le bonnet sur ses épaisses queues de cheval bouclées.

—Pourquoi vous vous arrêtez?, André prit la fille par la main et courut, Allez, *Pasha*, bouge-toi!

Enfin, tous les trois arrivèrent à destination :

—Hourra, maintenant nous allons enfouir nos notes ici et nos souhaits vont se réaliser, c'est sûr!

—Qu'est-ce que tu es naïve! Nous sommes en 2008, qui croit à ces bagatelles à notre époque? Qu'est-ce qui te dit que ta grand-mère n'a pas inventé toute cette histoire?, grogna André.

—C'est vrai! Et celui de ta grand-mère, et les voeux de toutes ses amies se sont réalisés! Et les nôtres aussi se réaliseront, tu va voir!

—Je n'y crois pas. Faisons-le rapidement et rentrons à la maison. Plus vite on commence, plus vite on termine!

—Bon, tiens André, écris ton voeux ici. Et celui-là c'est pour toi, *Pasha*.

—Je n'ai pas besoin d'écrire quoi que ce soit ici, tous mes souhaits se réaliseront de toute façon. Je n'ai pas trois ans pour croire à ces histoires, - protesta André de nouveau.

—Allez, qu'est-ce que ça te coûte d'écrire ?, *Pavlik* se joignit à la conversation.

Les amis écrivirent leurs vœux sur des petites feuilles et les enterrèrent sous un amas de neige, près du sorbier. Tout le monde courut à la maison.

—Qu'est-ce que vous avez souhaité, les garçons ?, demanda la fille, toute rose du froid.

—J'ai souhaité que ma vie soit toujours intéressante et pleine d'aventures !, répondit *Pavlik*.

—Je vous dirai pas, c'est un secret, dit André, en courant devant. Et toi alors, qu'est-ce que tu as souhaité ?

—Je veux que les personnes qui me sont chères soient toujours avec moi ! Bon, allez, au revoir !

—Salut !, les garçons crièrent d'une seule voix et continuèrent leur course, leurs maisons étant un peu plus loin.

En s'éloignant de la maison de leur amie, André demanda tout bas :

—*Pasha*, tu sais garder des secrets ?

—Ben, oui, je sais. Mais si tu as encore fait des bêtises, ne me dis rien. Je ne veux pas, à nouveau, être ton complice.

—Mais non, j'ai rien fait. Tu veux savoir ce que j'ai souhaité ?

—T'as pas dit que tu ne croyais pas à ce genre de choses ?, lui rappela *Pavlik* attentionné.

—Et j'y crois pas, mais on sait jamais, ça se trouve, ça va se réaliser ! Mais quand même, promets moi de le dire à personne.

—Bon, d'accord.

—J'ai écrit que je voulais l'épouser!

—Qui ça?

—Bah elle!

* * *

En arrivant à la maison, Marianna nourrit son fils et le coucha dans la chambre, puis retourna dans le séjour.

—*Mariashka*[16], j'ai une surprise pour toi!, enjoué, assez bas, pour ne pas réveiller le bébé, s'exclama *Pavlik* et tendit la petite boîte à Marianna.

Dans l'attente, la jeune femme l'ouvrit lentement: il y avait un médaillon. Marianna le porta à ses yeux et trouva comment l'ouvrir. À l'intérieur, il y avait un collage de plusieurs photos. Il y avait: *Lyocha*, *Pavlik*, Indila, et grand-mère.

—Mais c'est…

—Oui, maintenant, toutes les personnes qui te sont chères seront toujours avec toi, où que tu sois.

—*Pasha*, tu… Je suis sans voix! Tu… Tu te rappelles! Marianna se jeta sur *Pavlik* et le serra très fort dans ses bras. Merci, *Pashenka*!

Pavlik et Marianna préparèrent le dîner ensemble et se mirent à table.

—Ce médaillon te va bien, dit *Pavlik*.

—Merci. Je pensais qu'aucun de vous ne se souvenait de cette vieille histoire depuis longtemps…

—Tu crois qu'on peut oublier une histoire pareille?

* * *

Le téléphone fixe résonna dans la maison.

—Allô?

—Marianna, c'est moi.

—*Pashka*[17]? Pourquoi tu appelles? On s'est vus il y a 15 minutes. Tu vas réveiller toute la maison. On va encore se disputer avec Astra…

—Marianna, il y a un truc!

—Ton voeu s'est réalisé?

—Le mien? Mais non. Il y a un truc! Jure que tu ne le diras à personne et jamais de la vie!

—Juré!

—C'est sûr que tu ne le diras pas?

—Mais oui, sûr de sûr, aller, dis vite!

—Tu sais c'est quoi son voeu à André?

—Il a dit que c'est un secret.

—Oui, et maintenant je connais ce secret. Et c'est d'abord et avant tout un secret de toi!

—Comment ça? Mais on est amis!

—Ne lui dis surtout pas que je te l'ai dit. Je lui ai promis de tenir bon, du coup j'ai tenu, tenu… Et puis je n'ai pas tenu…

—*Pasha*! Arrête de marcher autour du pot, dis-moi, enfin!

—Alors, il a fait un voeu…

—Oui? Et du coup? C'est quoi son voeu?

—Il a fait un voeu… de t'épouser!

Un long silence.

—*Pasha*, faut que je cours!, elle raccrocha.

"Cours où? Pas fouiller dans les congères quand même!", pensa *Pashka*, mais connaissant l'obstination de Marianna, il réalisa immédiatement que c'était exactement ce qu'elle allait faire. Il s'habilla à la hâte et courut vers les congères.

* * *

—Quoique c'est vrai, tu as raison, passer deux heures à retourner la neige et la terre, au froid, en hiver, c'est difficilement oubliable!

—Et nous les avons trouvés!, s'exclama Pavel. Et le plus important, c'est que tous nos souhaits se sont réalisés!

Marianna réfléchit pendant quelque temps.

—Le vœu d'André s'est réalisé, il commence même à se décomposer. Le mien: tu viens de l'accomplir… Et le tien? Il s'est réalisé?

—Oh que oui!, fit-il avec un rire nerveux. D'abord Indila est tombée du ciel…

—Tu n'es pas content?, la jeune femme l'interrompit.

—Tu es folle? C'est tout simplement une grâce de Dieu! C'est notre fée, elle est si spéciale! Au fait, j'aurai l'occasion d'en discuter avec le maire demain.

—Oui, il se révèle que l'arrivée soudaine de cette chouquette a chamboulé nos vies…

—Et t'a amené ici!

—Une autre aventure pour toi. Et dire que si elle n'était pas apparue, je serais avec André, en train de faire je ne sais quoi.

—Et je serais probablement assis dans cet appartement

vide à la recherche d'un nouveau projet.

Ils parlèrent pendant un long moment, puis allèrent se coucher.

—Bonjour. Très heureux de vous rencontrer.

—Bonjour. Je vous en prie, asseyez-vous, *Pavel Nikolaevich*[18].

—Je vous remercie. Je suis venu vous voir à propos d'une certaine Indila. C'est la fille de l'orphelinat. Je suis journaliste, voyez-vous, et en même temps, le fils de cette dame…

La porte d'entrée s'ouvrit et le jeune homme entra dans l'appartement.

—Bonjour, *Pasha*!, sourit Marianna, tenant le bébé dans ses bras. J'ai fait le dîner. Alors, raconte-moi tout. Comment ça s'est passé avec le maire ?

—Je me suis bien débrouillé. J'ai un nouveau rendez-vous pour demain. Je dois préparer tout le matériel. J'y emmène ma mère demain. Indila sera là aussi, d'ailleurs.

—Tu n'as pas l'air très heureux, *Pashenka*, tout va bien ?

—Oui!, aboya-t-il. Oh, Marianna, je suis désolé. Je suis juste un peu nerveux. C'était moyen comme rendez-vous. En plus, quelqu'un m'a appelé il y a une heure…

—Et ? Il s'est passé quelque chose ?, la jeune femme s'inquiéta.

—Je ne sais pas. Je n'ai rien distingué. C'était une voix de femme…, Pavel eu la gorge nouée.

—Oui… Et alors ?

—Tu vois, commença-t-il. Cette voix ressemblait beaucoup à celle de…, soudain, on sonna à la porte.

—Tu attends quelqu'un ?, demanda Marianna.

—Non, en fait, non. Je vais aller voir qui c'est.

Pavel ouvrit la porte et une fille s'entassa dans l'appartement. Marianna la reconnut de suite, par les pointes rouges de ses cheveux. Elle était vêtue d'une robe courte en cuir noir, et portait des chaussures rouges à énormes talons. Elle était ivre, mais même si elle parlait comme un canard, ces paroles étaient assez distinguables :

—*Pavlik*, mon *Pa-avlik*... Ha-ha-ha!, elle lui ébouriffa les cheveux. Tu sais quoi? J'ai décidé de revenir avec toi. Prends donc!, Elle ria à nouveau. Alle-ez, tu m'as promis que tu m'ai..., elle hoqueta, Meras pour toujours, alors aime-e-moi...

Pendant ce monologue, Pavel jetta à plusieurs reprises des regards embarrassés et honteux à Marianna, qui, choquée par une telle impudence, se tenait debout avec des yeux énormes de surprise.

Irène tenait à peine debout et s'allongeait de plus en plus sur *Pavlik*, qui tentait en vain de la repousser. Il a fait signe à Marianna de venir, ce qu'elle a fait.

—Eh ben! T'as déjà une femme et un enfant?, l'invité inattendue fit l'air faussement étonnée. Je t'ai quitté il y a quelques mois, et le bébé, c'est quand que t'as eu le temps de le..., elle explosa de rire.

Marianna peina à contourner *Pavlik* par derrière et apporta l'enfant dans la chambre. Sur le chemin du retour, elle s'arrêta, surprise: la demoiselle malvenue gagna soit en force, soit en culot et sauta sur le jeune homme, enroulant ses jambes autour de lui.

—Oh, je crois que j'ai halluciné! Mademoiselle, toi, va, je

ne sais trop où tu allais, elle regarda le jeune homme d'un air narquois. Et moi avec mon *Pashka*, on ira...

—Allez, descends de là! Vite! *Pavlik* l'interrompit brusquement.

—Oh, t'es si grossie-er! Hein? Bon, bon, je descends. Tu te rends compte au moins quoi, et qui surtout, tu refuses?, elle l'attrapa par le col et l'attira à elle.

—Hé, *poupée peinte*[19]! Ça suffit! soudainement, pour elle-même et pour les autres, cria Marianna.

Adossée au mur, la "*poupée peinte*" s'approcha de Marianna. Elle était une tête plus grande et regardait Marianna de haut dans tous les sens du terme.

—Écoute, espèce de parvenue, *Pavlik* est mon mec. Et toi, t'es qui, hein? Et qu'est-ce tu fous là, d'ailleurs? Hein?

—Moi? Je, bah...

Pavel s'approcha brusquement, prit Irène par les épaules et l'accompagna vers la sortie, lui lançant un petit "bye!" avant de claquer la porte bruyamment. Après une brève pause, il dit:

—Voilà, maintenant tu la connais. De plus, nous serons tous deux sûrs maintenant qu'il n'y a pas besoin que je la retourne, il essaya de sourire.

—Parce qu'elle est déjà retournée d'elle-même!, croisant les bras, Marianna renâcla.

Cette fois, *Pavlik* était sincèrement amusé, un sourire illumina son visage:

—*Marianatchka*, mais qu'est-ce que tu as? Moi, je ... Je t'aime!

Les mains de Marianna se baissèrent. Ces sourcils froncés remontèrent. *Pavlik* la souleva et la fit tourner. Marianna se sentait comme la femme la plus heureuse du monde. Le cri du bébé les a ramenés à la réalité. Marianna partit chercher Alexeï et ils partirent dîner.

—*Pasha* ?

—Quoi, ma beauté ?

—Tu sais, elle est toujours dans la cour, assise sur le banc.

—Hum…

—Je me disais, la fille bourrée, seule, venue d'on ne sait où… Il faut l'aider.

—Qu'est-ce que tu es en or! Malgré tout, tu t'inquiètes même pour mon ex! N'importe qui d'autre, à ta place… Bref, je vais aller voir ce qui se passe.

Le jeune homme revînt très vite :

—Rien ne va lui arriver. Son mari est venu la chercher. Il lui a parlé, l'a prise par la main comme une petite fille, l'a mise dans la voiture et est parti.

Le lendemain, comme prévu, *Pavlik* s'apprêtait à chercher la grand-mère, mais une fois dans la voiture, il vit un banc à quelques mètres de là. Une silhouette féminine familière était assise dessus. Pavel comprit tout de suite que c'était Irène.

Il roula les yeux, mais sortit du transport et se dirigea vers le banc. Dans les quelques pas qu'il fit, il remarqua que l'Irène d'aujourd'hui n'avait rien à voir avec celle de la veille. Alors qu'hier seulement, elle était l'incarnation même de la décontraction, aujourd'hui c'était plutôt une petite silhouette discrète : une jambe posée sur l'autre, le dos courbé, le coude sur le genou, la joue sur la main. L'ensemble ressemblait à un enfant qui, se sentant coupable, essayait de ne pas attirer l'attention, pour passer le plus inaperçu possible.

—Puis-je savoir ce que tu fais là ? lança le jeune homme immédiatement.

—*Pavlik*! En fait, je voulais m'excuser. Je suis allée en boîte hier, et… je crois que j'ai un peu trop bu.

—C'est un euphémisme, grogna-t-il.

—Oui, je suis désolé, même si je ne me souviens pas vraiment de tout ce que j'ai dit hier soir, transmets mes excuses à la jeune femme, d'accord ?

—Okay. Je dois y aller, je vais être en retard.

—Tu vas au travail ?

—Non, voir le maire.

—Pourquoi tu vas voir le maire ?

—Qu'est-ce que ça peut te faire ? C'est une longue histoire.

—Je veux dire, mon mari est dans la politique. Si jamais, je peux lui dire et résoudre tes problèmes, s'il y en a. On va dire que c'est pour m'excuser.

—Oui, en fait, il y en a, répondit Pavlik. Il lui décrit brièvement la situation. Irène promit d'aider, et *Pavlik* partit.

CHAPITRE 5 : RETOUR À TOUT PRIX

Quand ils arrivèrent, avec mamie Louba, à la mairie, tout le monde les attendait déjà. La réunion se déroula bien, et lorsque la directrice de l'orphelinat emmena Indila, le maire se tourna vers *Pavlik*.

—Pavel Nikolaevich, j'ai reçu un appel téléphonique du haut. Ils m'ont demandé de rendre la fille, en disant qu'en échange vous écrirez un article sur moi dans votre magazine, ou que vous feriez un reportage. Quelque chose comme "quel maire généreux nous avons, il a aidé une orpheline". Eh bien, j'accepte ce "deal". Il faudra au moins une semaine pour régler la paperasse. Pendant ce temps, vous devez meubler entièrement la chambre de la fille, acheter toutes les affaires de première nécessité, et un tas d'autres choses, il sortit deux papiers et remplit quelque chose. Ça, c'est le montant que je vais allouer pour vous du budget en tant qu'aide à la grand-mère pour entretenir l'enfant. Celle-là, dit-il en désignant le deuxième morceau de papier, "C'est le papier certifiant que l'enfant vous sera attribué. Quand l'histoire de papiers sera réglée, nous viendrons vous voir, *Loubov Mihaïlovna*[20], et nous allons tourner un reportage sur moi. C'est tout pour aujourd'hui. Je vous souhaite une bonne journée.

En quittant l'hôtel de ville, mamie Louba ne put s'empêcher

de faire un commentaire:

—Quel culot! Il essaie juste de se promouvoir! Et il ne se soucie pas du tout de l'enfant! Il me met au courant: "Dans une semaine, nous viendrons chez vous pour tourner un film sur moi". Ugh!

—Maman, dit *Pavlik* en riant. Qu'il dise ce qu'il veut tant qu'il nous rend notre Fée! Il nous a, en plus, attribué de l'argent du budget. C'est une petite somme, mais c'est déjà ça!

Soudain, la grand-mère se rappela:

—*Pavlik*, dis-moi, de quel "haut" a-t-il reçu un appel?

—Euh, il hésita. Eh bien, comment dire... J'ai rencontré Irène ce matin, elle a appelé son mari, et il a dû arranger ça.

—Et elle, du coup, est apparue juste pour aider!?

—Eh bien, il se trouve que oui, *Pavlik* ne voulais pas entrer dans les détails, et encore moins me raconter comment la fille ivre s'introduisit dans son appartement.

Pavlik et la grand-mère décidèrent d'aller à l'orphelinat, de voir Indila et de demander de "l'emprunter" pour pouvoir aller au magasin et choisir du papier peint, des décorations pour sa chambre, et toutes sortes de jouets et de livres. La directrice dit qu'elle ne pouvait pas venir aujourd'hui, mais que le demain ne poserait pas de problème. Alors Pavel déposa la grand-mère et rentra à la maison. Il était tellement heureux de l'événement à venir qu'il souleva Marianna et la fit tourner de toutes ses forces. La joie brillait dans ses yeux.

—Je vois que la réunion s'est mieux passée aujourd'hui! Marianna rayonna à son tour.

—Oui! Écoute ça, le maire m'a donné un papier comme quoi Indila nous sera attribuée! Et un chèque pour lui aménager sa chambre!

—Mais comment? Hier, tu avais dit que le maire avait bien fait comprendre qu'il n'allait pas t'aider, non?

—Oui, mais ce matin, j'ai rencontré Irène. Elle a appelé son vieillard, et il s'est arrangé avec le maire.

Les yeux de Marianna cessèrent de briller :

—Irène ? Je pensais qu'elle était partie encore hier et qu'elle ne reviendrait pas.

—Je le pensais aussi. Mais elle avait apparemment dégrisé, et était venue s'excuser. Et voilà, elle a décidé de nous aider. Et d'ailleurs, elle t'as transmis ses excuses, elle dit qu'elle ne se souvenait pas exactement de ce qu'elle avait dit, mais qu'elle avait honte.

—Très noble de sa part, dit-elle non sans sarcasme.

—Tu es jalouse ?, *Pavlik* sourit.

Marianna réfléchit.

—Tu sais, commença-t-elle. Rien n'arrive par hasard.

—Et ?, dit *Pavlik*, ne sachant pas trop où elle veut en venir.

—Eh bien, voilà : Indila est bien plus importante pour toi qu'Irène, n'est-ce pas ?

—Oui, bien sûr. Pourquoi tu restes autant figée sur cette Irène ?

—Attends, l'interrompit Marianna. Oui, Indila est plus important. Si Irène ne t'avait pas quitté, tu ne pourrais pas utiliser son mari pour récupérer la fillette qui est beaucoup plus importante pour toi qu'Irène. Tu vois ?

—Ouais… Et s'il n'avait pas cette fillette, toi et moi ne nous serions pas rencontrés.

—Hmm, ça aussi, bien sûr, la jeune femme sourit.

—Oh !, *Pavlik* se souvint soudain, Il faut que j'appelle Allan.

—Allan, c'est… le policier, c'est ça ?

—Oui. Celui qui m'a aidé à entrer dans l'orphelinat. Quand il avait fini sa journée en plus. Il m'a fallu un moment pour réaliser qu'il m'avait aidé plusieurs fois, pas en tant que policier, juste en tant qu'homme. Puis je l'ai eu au téléphone quelques fois. C'est vraiment un gars bien.

Pavlik parla au téléphone, puis informa Marianna que demain matin, ils iraient ensemble dans un café et qu'Alexeï resterait pendant ce temps chez la grand-mère.

C'est ce qu'ils firent. Le matin, Pavel présenta Allan et Marianna l'un à l'autre, et tous les trois passèrent un bon moment.

—Donc, le maire promit qu'Indila nous serait attribuée, il nous a donné ce papier, une sorte de confirmation, et a dit que dans une semaine sa chambre doit être complètement aménagée, résuma *Pavlik*.

Le policier étudia attentivement le papier et répondit:

—Ouais, eh bien, il semble que vous allez obtenir l'adoption pour Indila. Mais d'après ce que je vois, notre maire est un sacré numéro. Absolument incompétent. Premièrement, le maire ne donne pas ce genre de documents. Deuxièmement, il n'existe pas de document confirmant une attribution d'adoption. Et même s'il existait, il ne ressemblerait pas du tout à ça, fit remarquer le jeune professionnel.

—Le fait qu'il l'ait fait uniquement parce qu'il a reçu un appel d'en "haut" et pour que je fasse un reportage sur lui est, bien sûr, un peu dégoûtant, c'est un homme négligent. Mais d'un autre côté, si ça fonctionnera, je serai prêt à lui apporter un cognac moi-même!

Tout le monde éclata de rire.

—Marianna et moi allons chercher Indila. On ira faire du shopping, choisir du papier peint, et tout et tout.

—Ah bon? Je sui en repos aujourd'hui, je pourrai peut-être vous accompagner? Et voir la fille aussi, ça fait longtemps que ne l'ai pas vue.

—Oui, avec plaisir!, *Pavlik* accepta avec enthousiasme.

Ils se dirigèrent vers l'orphelinat. Enfin, une silhouette apparut à l'autre bout de la cour. Indila courut aussi vite qu'elle pouvait vers les jeunes gens qui attendaient. Elle se précipita d'abord vers *Pavlik*, puis vers Allan, avec qui elle s'était liée d'amitié le lendemain du jour où ils l'avaient amenée ici. Elle se souvient de Marianna (*Pavlik* lui avait dit que Marianna avait emménagé chez lui) et était très heureuse de la voir aussi.

—Et où est *Lyocha*?, la jeune fille demanda étonnée.

Marianna se mit à sa hauteur et lui répondit avec beaucoup de tendresse:

—Il est chez sa *Babouchka* pour l'instant.

—Dommage, Indila baissa ses grands yeux, J'avais tellement envie de jouer avec lui!

—Ce n'est pas grave, répondit Marianna, émue, en caressant la tête de la fillette. J'espère que très bientôt nous allons te récupérer et tu pourras jouer avec lui autant que tu le voudras, ça te va?

—Okay, la petite sourit et tout le monde se dirigea vers la voiture.

Après avoir choisi le papier peint, les rideaux et les autocollants pour les murs, tout le monde se rendit au restaurant. Indila apprécia énormément les activités d'aujourd'hui, en plus de la bonne compagnie.

Ils décidèrent d'aller chercher des livres et des jouets une autre fois. Comme on dit: "*le bien doit être modéré*", ou bien "*trop bien n'est pas bien*"[21].

Allan fut invité à rendre visite à mamie Louba, alors ils prirent la route. Dans la voiture, *Pavlik* était au volant, Marianna à l'arrière, "pour ne pas laisser la fillette s'ennuyer", comme le dit Marianna. Allan se mit à l'avant.

Indila observa attentivement la jeune femme tout au long

du trajet :

—Qu'est ce qu'elle est belle ta coiffure !, dit-elle quand la voiture s'approchait de la maison.

—Merci, sourit Marianna. Je t'en fais une même si tu veux ?

—Ouais, se réjouit la petite.

A la maison, ils prirent un thé. La grand-mère était heureuse de revoir le jeune policier qui n'hésite pas à prendre des initiatives. Après le dîner, Marianna coiffa Indila en lui faisant une jolie tresse collée et joua avec elle et *Lyocha*. *Pavlik*, la grand-mère et Allan prirent plaisir à regarder Indila si heureuse, intéressée par les idées intéressantes générées par Marianna.

—Avec qui vais-je vivre ?, l'enfant demanda avant de partir.

—Avec *Babouchka*, répondit *Pavlik* avec un sourire.

—Et Alexeï et Marianna ? Et toi ?

—Nous allons visiter. Très très souvent, promit-il.

Pavlik ramena la fillette pendant que les autres prenaient encore du thé.

Une demi-heure plus tard, la porte s'ouvrit mais personne n'entra dans le séjour. Tout le monde se figea, attendant de voir qui allait entrer. Finalement, *Pavlik* apparut. Son aigre physionomie mit tout le monde dans un état d'hébétude.

—Mais purée!, cria-t-il, fit le tour de la pièce du regard, puis il se calma et s'assit sur le canapé, la tête en arrière.

—Qu'est-ce qu'il se passe?, demanda la grand-mère.

—La protection de l'enfance a appelé, répondit Pavel sèchement.

—Alors? Qu'ont-ils dit?, le policier commença l'interrogatoire.

—Que ça va pas être possible pour l'adoption. Je n'ai rien compris.

—Et qu'est-ce qu'on fait?, poursuivit-il.

Pavel répondit en haussant les épaules et en secouant nerveusement les bras.

—Mais le maire a promis? Qu'est-ce que ça veut dire "ça ne va pas être possible"?, mamie Louba commença à s'indigner.

—Qu'est-ce que j'en sais?, répondit *Pavlik* brusquement.

—Il nous a même donné un papier, lui rappela la grand-mère.

—Allan a dit que ce document n'existait pas et que le maire n'a pas le pouvoir de délivrer ce genre de document, Marianna informa la grand-mère.

Allan se leva de son siège et attrapa sa veste.

—Allons voir les autorités, lança-t-il à *Pavlik*.

—Allons-y, répondit Pavel.

Marianna resta avec la grand-mère.

Ils revinrent très rapidement. *Pavlik* avait l'air écrasé. Il entra et tomba à nouveau dans le canapé.

—Et beh ?, la grand-mère ne pouvait plus supporter le silence.

La colère transperçait dans la réponse de Pavel :

—J'en ai marre d'eux ! Un jour c'est possible, un jour ça ne l'est plus.

—Qu'ont-ils dit ?, demanda Marianna. Et où est Allan ?

—Ils sont déjà fermés. On n'a pas eu le temps !, il répondit une fois de plus de manière irritée. Allan est au téléphone.

La porte s'ouvrit. Allan apparut :

—Je me suis arrangé avec *Grigori Yurievich* pour que ma prochaine mission soit de régler votre cas.

Pavel se leva d'un bond et serra la main de son ami :

—Vraiment ?! Merci à toi, *mi amigo*[22] !

—Demain, c'est dimanche. Lundi, dès le matin, nous irons voir ce qui se passe, conclut le policier avant de rentrer chez lui.

Lundi, mamie et *Pavlik* arrivèrent tôt et attendirent le policier devant le bureau. Il arriva à l'avance, lui aussi, et dès l'ouverture du bureau, ils "se lancèrent immédiatement dans l'attaque".

Allan présenta et demanda poliment un aperçu de la situation d'adoption d'Indila.

—Le problème, c'est que nous soupçonnons ces personnes de falsifier des documents, expliqua la jeune fille en désignant la grand-mère et *Pavlik*, qui faillit exploser de colère et d'impatience, mais Allan lui fit signe que tout est sous control.

—De quoi doutez-vous exactement ?

—Le document qui est censé provenir du maire n'est pas

valable. Il n'existe tout simplement pas. Le maire n'en délivrerait pas, et encore moins à nous, car toute personne compétente sait que nous ne pouvons pas accorder une adoption. C'est fait par les tribunaux.

—Je vois ce que vous voulez dire. Votre appel d'hier m'a surpris, car je sais moi aussi que de telles choses se font par le biais des tribunaux. C'est pourquoi je ne comprends pas pourquoi c'est vous qui refusez l'adoption. Heureusement, vos soupçons ne sont pas confirmés, car le maire a, belle et bien, délivré ce document. Vous pouvez appeler ici, - *Pavel Nikolaevich*, passez-moi le numéro, s'il vous plaît, - et voir par vous-même.

Elle appela le maire et il confirma avoir délivré le document. La jeune femme dit à Pavel que le maire lui avait demandé de le contacter.

Puisque l'alerte concernant les documents se révéla fausse et que les autorités de la protection de l'enfance ne pouvaient rien faire de toute façon, il était nécessaire de parler du procès au maire.

En quittant le bureau, *Pavlik* appela immédiatement le maire et organisa un rendez-vous. Il leur dit de venir de suite, car il n'aurait pas le temps plus tard.

Quand ils arrivèrent, ils expliquèrent la situation avec le document et le tribunal. Directement devant eux, le maire téléphona le tribunal, afin que le procès ait lieu le plus rapidement possible. Pendant qu'ils attendaient une réponse et une date d'audience, le maire appela son adjoint, qui était manifestement plus compétent... en tout. Ils avaient à peine le temps de terminer de discuter de la partie administrative de l'affaire lorsque le coup de fil du tribunal retentit. Le maire écouta pendant un long moment, puis raccrocha après les avoir remerciés.

Mamie Louba, *Pavlik* et Allan regardèrent avec une telle pression et des expressions interrogatives sur leurs visages que cela fit même rire le maire.

—Ne vous inquiétez pas, ils m'ont longuement expliqué qu'ils avaient tout réservé pour les deux mois à venir, mais ensuite ils ont dit qu'ils avaient une réunion annulée pour vendredi à dix heures. Vous devez donc vous considérer comme très chanceux, déclara-t-il.

La grand-mère pleura de joie :

—Oh, merci beaucoup, merci ! Bientôt, ma petite puce reviendra à moi !

En quittant le maire, qui a promis de faire un appui auprès du tribunal pour obtenir la bonne décision, tout le monde était ému.

—Pour être honnête, je ne pensais pas que ce serait aussi facile, admit Allan.

—Si j'ai bien compris, il y a de fortes chances que la cour se prononce positivement. N'est-ce pas ?

—Pas vraiment, dit le policier d'un air un peu tendu. En fait, le maire peut difficilement influencer l'issue du procès. Les retraités se voient rarement attribuer l'adoption. J'espère que vous y arriverez, mais ne vous réjouissez pas d'avance.

—J'ai la foi ! Je vais prier pour que ma petite me soit redonnée ! Je crois que nous pouvons le faire !, s'exclama la grand-mère.

Pavlik invita tout le monde à son domicile, où Marianna prépara un délicieux déjeuner.

Pendant que *Pavlik* et sa grand-mère remplissaient tous les documents nécessaires, Allan et Marianna discutaient. Il se révéla qu'ils avaient beaucoup de sujets de conversation en commun, ils échangèrent même leurs numéros de téléphone. Puis *Pavlik* scanna les documents d'Allan et Marianna, qui acceptèrent d'être témoins pour le procès.

Le soir, Allan partit, *Pavlik* ramena la grand-mère, envoya les documents au tribunal et s'arrangea avec la directrice de l'orphelinat pour venir chercher Indila demain matin. Il parla à Marianna et convint que demain, elle et Indila iraient faire du shopping et qu'il garderait le bébé.

Le matin, comme convenu, Pavel ramena Indila:

—Marianna, voici ma carte bancaire, l'argent du chèque du maire est déjà dessus, d'ailleurs. Achetez-vous ce que vous voulez, mais n'allez pas dans le négatif, dit-il en riant. Si Dieu le veut, on va bientôt fêter le retour d'Indila, alors habillez-vous bien, mettez de belles chaussures... Et une fois que vous serez prêt, appelez-moi et nous viendrons vous chercher avec *Lyochka*. Ça marche?

—Marché conclu!, Indila était ravie.

Puis il les emmena au centre commercial:

—Amusez-vous bien!

Pavlik n'avait pas beaucoup d'expérience avec de si jeunes enfants, mais malgré tout, il était sûr de pouvoir s'en sortir.

Le matin, Marianna avait donné à manger à Alexeï, il était donc temps de jouer avec lui et de le remettre au lit dans quelques heures.

Pavlik était dans la cuisine, tenant le garçon dans ses bras. Le téléphone émit un bip: un message reçu. Lorsque *Pavlik* prit l'appareil dans sa main gauche et lut le message, l'enfant tendit sa petite main, comme s'il demandait: "Laisse-moi regarder". Pavel prêta naturellement le "jouet intéressant" au bébé. Il le prit, le tripota, le regarda de près. *Pavlik* observa la petite merveille, son regard malin, ses yeux curieux... Deuxième message reçu. Lorsque le jeune homme a voulu reprendre l'appareil, *Lyocha* se mit à faire des caprices. Il tira d'un coup sec sa main avec le téléphone dedans. Malheureusement, le téléphone glissa, et ce ne serait pas si grave si le téléphone n'était pas tombé dans l'aquarium.

—Qu'est-ce que c'est dommage!, regarda-t-il le bébé en riant.

Le bébé devint encore plus capricieux.

—Qui c'est qui a une couche pleine? Hein? Aller, viens, on va la changer.

Marianna et Indila, quant à elles, firent un tour dans un magasin de vêtements. Puis dans un magasin de jouets. Puis un magasin de chaussures.

—Il serait temps d'appeler *Pasha*, pour voir comment ils s'en sortent Alexeï et lui, elle sortit son téléphone, mais tout ce qu'elle a pu entendre, c'est que la personne qu'elle essaie de joindre est indisponible pour le moment. Bizarre, ça ne répond pas, dit Marianna.

—Peut-être que *Lyocha* dort?

—Non, je ne pense pas, il est trop tôt... Bon, il doit être occupé.

Elles partirent à la librairie.

—Marianna, est-ce que *Pavlik* et toi vous allez vous marier?

La jeune femme, embarrassée, rougit légèrement:

—Je ne sais pas.

—Pourquoi pas? Vous vivez ensemble comme une famille...

—Oui, mais tu sais, il fut un temps où avec *Pasha* et André, nous étions meilleurs amis.

—Ça veut dire, vous êtes juste amis?

—Ça veut dire, oui.

—C'est bien, parce que j'ai vu dans un rêve que tu vas épouser un héros.

—Quel héros?

—La fleur aux yeux bleus.

—Attends, je ne comprends rien, quelle fleur?, soudain,

Marianna se rappela du dessin d'Indila. Tu parles des fleurs que tu as dessinées ?

—Oui, mais j'avais dessiné il y a longtemps, j'ai fait beaucoup de nouveaux rêves depuis. Votre fleur est tournée vers un autre homme.

—Quel homme ? Quoique, tu sais quoi ? Parle-moi plutôt de toi. Avant de rencontrer *Babouchka*, tu étais dans un orphelinat ?

—Oui. Et j'y suis toujours. Malheureusement. Mais c'est très ennuyant. Je suis tout le temps assise toute seule et je passe mon temps à dessiner.

—Tu ne joues pas avec d'autres filles ?

—Non. Je ne sais pas pourquoi, mais ça ne marche pas. Mes camarades jouent à des jeux de bébé. Ceux qui sont un peu plus âgés parlent de musique, des blogueurs… Les plus grandes passent leur temps à se maquiller pour se vanter les unes devant les autres.

—Et les garçons ?

—Eux, il n'y a rien d'intéressant du tout. Ils courent après la balle dans tous les sens, c'est tout! Et parfois, ils n'ont même pas besoin de balle. C'est amusant une fois ou deux, mais tous les jours, c'est ennuyant.

—Donc, il n'y a pas une personne avec qui tu pourrais être amie ?

—Je sais que c'est difficile à croire, mais oui. J'ai essayé de trouver des intérêts communs avec tout le monde, mais ça ne marche pas. J'avais l'habitude de passer beaucoup de temps avec Mère Emma, et maintenant je suis vraiment seule, soupira-t-elle.

—Et eux, comment ils se comportent avec toi ?

—Eh bien… La plupart me respectent. Mais je ne peux pas être amie avec eux. Pour moi, les amis sont ceux sur qui tu peux compter, qui seront toujours là pour toi… Et pas ceux qui, même s'ils m'appellent pour jouer avec eux, m'oublient vite.

—Peut-être, si tu inventais quelque chose d'intéressant, tout le monde s'intéresserait à toi.

—Oh, si c'était si simple! Tu ne t'imagines pas le nombre d'idées intéressantes que j'ai trouvées! Mais dès que j'apprends quelque chose à quelqu'un, ou que je présente mes idées, personne n'a plus besoin de moi. Ça arrive à chaque fois, ajouta Indila avec tristesse.

Elles firent le tour de quelques magasins encore et eurent déjà faim, car c'était l'heure du déjeuner. *Pavlik* ne répondait toujours pas au téléphone. Au début, Marianna pensait qu'elles pourraient marcher, elle en avait l'habitude, mais pour Indila, le centre commercial était trop loin. Marianna essayait en vain d'appeler, mais il n'y avait toujours pas de sonneries. Elle commençait à s'inquiéter. Après une heure de plus, Marianna devenînt vraiment nerveuse, mais n'exprima pas ses pensées, espérant que ses explications de ce silence n'étaient que le fruit de son imagination folle. Elles s'assirent sur un banc avec un tas de sacs.

—Il gère tout. Il est à la maison avec *Lyocha*.

—Comment?, Marianna se réveilla.

—Il est bien rentré, et il garde Alexeï.

—Dieu merci, répondit Marianna. Après une courte pause, elle se tourna brusquement vers la jeune fille. Comment tu le sais?

—Je le sens simplement, répondit Indila.

—Je vois… *Pasha* avait raconté quelque chose de ce genre sur toi…, elle eu soudainement une idée. Tu sais quoi, j'ai échangé des numéros de téléphone avec Allan! Je vais l'appeler!

On sonna à la porte. *Pavlik* prit Alexeï et ouvrit.

—*Pasha*! Il s'est passé quelque chose? Pourquoi tu ne me répondais pas? Elle prit son fils. Viens, mon petit.

—Oulà, Marianna, je suis désolé, j'ai complètement oublié.

—Oublié quoi? Qu'il faut nous récupérer Indila et moi?, stressait-elle.

—Mais non, je n'ai eu aucun appel…, il vérifia ses poches, puis réfléchit. Ah je me souviens! C'est que ton *sinok* a jeté mon portable dans l'aquarium!

—*Pasha*, d'où aurait-il un téléphone portable?

—C'est moi qui lui ai donné, il l'a tourné dans ses mains, et puis il l'a fait tomber.

—Et il s'est retrouvé exactement dans l'aquarium!?

—Oui! Écoute, Marianna, vraiment, excuse-moi, il s'est révélé que garder un bébé est vraiment fascinant. Il aime aussi danser avec ses mains au rythme de la musique, tu le savais?

—Ahem, ahem, Indila fit semblant de tousser.

—Bon, pourquoi on reste dans le couloir? Entrez, dit *Pavlik*.

—Non, merci, je m'en vais, ma pause est terminée depuis une demi-heure, répondit Allan.

—Désolé de t'avoir dérangé en plein milieu de la journée, s'excusa Marianna.

—Ce n'est pas grave, j'ai l'habitude!, le sauveur sourit et se retourna pour partir.

—Passe dîner après ton service, proposa Pavel.

—C'est noté, il fit un clin d'œil et partit.

—Allan vous a déposé, c'est ça?

—Oui, Dieu merci, j'ai réussi à le joindre lui, au moins. Indila et moi, affamées, avons fait dix tours du centre commercial en essayant de te joindre. J'en ai presque perdu la tête! J'ai imaginé toutes sortes de scénarios! Et si quelque chose t'arrivait, ou si tu n'étais pas rentré chez toi, si quelque chose t'arrivait en chemin?!

—Oui, je suis désolé, je n'ai pas réalisé combien de temps s'était écoulé. On va déjeuner?

Après le déjeuner, les filles montrèrent à *Pavlik* leurs achats. Marianna n'acheta qu'une robe et des sandales, mais ils achetèrent à Indila toute une garde-robe et divers jouets. Ensuite, Pavel chercha un nouveau sujet, espérant que le tribunal leur accorderait l'adoption et qu'il n'eut pas à continuer sur l'histoire de la grand-mère et Indila. Marianna joua avec les enfants, puis prépara le dîner. Ils nourrirent la fille à l'avance et la ramenèrent à l'orphelinat à temps.

À six heures du soir, Allan arriva. Ce soir-là, ils décidèrent enfin d'apprendre à mieux se connaître et de ne pas se contenter de parler du travail. Ce soir-là, ils eurent une discussion très agréable. Marianna et *Pavlik* découvrirent qu'apparemment le père d'Allan était russe et que sa mère était allemande. Ils divorcèrent quand il était très jeune, et il resta avec son père. Son père se maria en secondes noces avec une arménienne et ils eurent une fille.

—Et quelle a été ta relation envers ta demi-soeur?

—Vous ne pouvez pas vous l'imaginer, j'étais tellement impatient de l'avoir! Au départ, je voulais un frère, et j'ai été bouleversée quand j'ai appris que c'était une fille, mais finalement, ça m'était égal. J'ai passé toute mon enfance avec elle, même si nous avions quatre ans de différence. Elle est née avec une personnalité très compliquée! Mais je l'adorais tellement que je m'en fichais. Maintenant, non seulement nous sommes frère et sœur, mais nous sommes aussi meilleurs amis!

—Alors quel âge a-t-elle maintenant?, demanda *Pavlik*.

—Dix-neuf ans. Après la *onzième classe*[23], à l'âge de dix-sept ans, je suis allé à l'université du ministère de l'intérieur et je suis devenu policier. Ma sœurette s'en est inspirée, et a déjà terminé sa deuxième année en tant qu'enquêtrice.

—Une fille, et le métier d'enquêteur... Intéressant!, commenta Pavel.

—Au début, bien sûr, j'étais contre. Je lui disais qu'elle ferait mieux d'aller dans le design, ou quelque chose du genre. Nous nous disputions tous les jours.

—Et maintenant?, demanda Marianna.

—Avec le temps, j'ai compris que c'était son choix et que je devais le respecter. Et elle, avec le temps, a compris que je me souciais d'elle et que je ne voulais pas qu'elle soit dans une atmosphère de criminalité tous les jours. Mais elle a passé le concours, et elle a réussi. En soi, ça lui va. C'est une guerrière de la justice, une grande optimiste, impulsive, libre... Mais surtout, elle est joyeuse. Et au début, j'avais peur qu'elle ne soit pas comme ça quand elle se confronterait à ce métier. Mais elle l'aime, tout comme moi, j'aime mon métier.

—Au fait, d'ailleurs, je voulais te demander depuis longtemps… Tu te souviens de la première fois où je suis venu à ton commissariat?

—Oui.

—Quand j'ai demandé à un policier s'il te connaissait, il a dit quelque chose comme "Qui ne le connaîtrait pas?".

—Et alors?

—Pourquoi tout le monde te connaît?

—C'était juste une histoire… Il se trouve que lorsque j'ai rejoint la police, j'ai sauvé deux personnes concrètes en un jour, et des dizaines de personnes passantes.

—Comment ça?, demanda Marianna.

—Eh bien, j'ai attrapé deux criminels, et ce faisant, j'ai sauvé deux personnes concrètes, d'un adolescent terroriste, avec un trouble mental. Si je n'avais pas soupçonné que quelque chose n'allait pas sur la grande place, je n'aurais pas pu empêcher un attentat et des dizaines de personnes auraient pu être tuées.

Marianna écoutait, fascinée, et, en fin de compte, demanda:

—Pourquoi tu n'avais pas raconté ça avant?

—Parce qu'il est un homme modeste!, sourit *Pavlik*.

—Ben, oui, confirma le policier. Je n'aime pas me vanter.

Ils passèrent un bon moment et convinrent même de se retrouver demain pour rencontrer la demi-sœur d'Allan, qui était en vacances.

Le lendemain, dans la soirée, *Pavlik* partit avec Marianna et l'enfant chez leur ami commun.

—Salut!, la porte fut ouverte par une brune aux cheveux bouclés et à un extrêmement large sourire sincère. Je vous attendais, Allan m'a tellement parlé de vous! Je suis si heureuse! Avancez!, elle baragouinait et semblait très heureuse.

—Oh, bonsoir, tout le monde!, Allan entra. Vous avez déjà fait connaissance?

—Oh, j'ai complètement oublié, je m'appalle Siranoush! Et vous, vous n'avez pas besoin de vous présenter, je vous connais déjà, elle a serré la main à tout le monde et embrassa le bébé.

—*Pasha*, c'est vrai que tu as rencontré Indila il y a moins de deux mois?

—C'est vrai.

—Et toi et tante Louba, vous vous êtes tellement attachés à elle! C'est génial! Je suis fier de vous, vraiment!

Sa sincérité fit rire *Pavlik* et Marianna.

—Et toi, à ce que je vois, tu connais vraiment tout le monde. Si j'oublie quelque chose sur moi, je viendrai te le demander à toi! répondit *Pavlik* sans s'arrêter de rire.

—Demande, dit sur un ton presque sérieux la jeune fille. Je suis une enquêtrice!

—C'est ça, une enquêtrice en deuxième année!, son frère rejoignit la conversation.

—Hé, j'ai fini ma deuxième année, je suis déjà presque passée en troisième année, elle lui donna un coup de coude.

—Tu fais tes études ici?, demanda Marianna.

—Non, la fac est très loin d'ici. Mais quand je peux, je viens chez Allan. C'est mon endroit préféré sur terre!, elle serra le bras de son frère de toutes ses forces.

—On prend un thé?, demanda Allan, et partit dans la cuisine.

—Oh, oui, d'ailleurs, voilà ce que je voulais demander aussi, ça fait longtemps que tu as largué André?, Siranoush se tourna vers Marianna.

On voyait la confusion dans les yeux de Marianna.

—D'où tu…?, demanda Pavel.

—Je l'avais dit, je sais tout sur tout le monde. Mon frère vous voit beaucoup, alors je me suis renseigné pour m'assurer qu'il était en sécurité.

—Eh ben dis donc, Marianna ne put se retenir. Alors c'est un truc de famille, vous êtes fous l'un de l'autre.

—C'est vrai qu'on a ça! Une fois, nous nagions dans la mer, et une vague nous a couverts. Une très grosse. C'est alors que, je ne sais trop comment, il m'a poussé, enfin, pour me pousser hors de l'eau, et j'ai eu peur, et je me suis accroché à lui. C'est comme ça que nous nous sommes sauvés tous les deux. Depuis lors, nous nous protégeons et nous veillons l'un sur l'autre encore plus qu'avant.

—Dis donc, Pavlik s'étonna à son tour.

—Oui-i, dit longuement Allan, en arrivant déjà avec un

plateau, et les tasses dessus. C'est le genre de personne capable de raconter toute sa vie en une minute, dit-il en posant le plateau et en repartant.

—Hmm, vous ne vous ressemblez ni physiquement ni psychologiquement, fit la remarque Marianna.

—Bah, ça pourrait complètement s'expliquer par le fait que seule la moitié de nos parents sont identiques.

—Donc, le papa, compléta *Pavlik*.

—Exactement, confirma la jeune fille.

—Où est passé le frère de "l'enquêtrice"?, Marianna regarda autour d'elle.

—Je suis là, j'apporte des biscuits pour le thé, dit Allan depuis le couloir.

—Alors, ça fait longtemps que tu as quitté André? Pour une raison obscure, ces données ne sont pas présentes dans l'ordinateur.

Marianna s'étouffa :

—Non, elle réfléchit. Il y a sept jours.

—Il y a seulement une semaine?

—Oui, on va attendre une réponse pendant longtemps encore.

—Quelle réponse?, demanda Siranoush.

—André et moi avons fait une demande de divorce en ligne.

—A-a-ah, donc tu l'a quitté pour aller chez *Pasha*?

—Pas vraiment. Elle n'est pas partie de chez moi, elle est partie de chez lui, Pavel intervint dans la conversation.

—Vous n'êtes pas marié, alors? , avec la plus grande surprise demanda Allan en entrant.

—Non, répondit *Pavlik*, Mais c'est une longue histoire, et il n'y a rien d'intéressant là-dedans, laissons plutôt Siranoush nous raconter quelque chose, au moins ça promet d'être drôle!, *Pavlik* reprit la conversation.

—Avec plaisir!, "l'enquêteur à part entière" répondit avec enthousiasme. Écoutez moi ça, une fois, en première année, on nous a demandé d'étudier un cas, bien sûr, qui avait été résolu il y a longtemps, c'était pour faire de l'exercice. Eh bien, dans l'affaire, il était écrit que l'homme se tira une balle dans la tête et a ensuite fermé la porte de l'extérieur! Probablement pour que personne ne le dérange, allongé sur le sol avec un trou dans la tête. Mais s'il était déjà mort, comment pouvait-il fermer la porte? Et quand j'ai lu ce qu'a raconté le suspect... Au début, c'était très sérieux. Il y décrivait longuement, comme quoi il avait été payé pour suivre ce type, etc, etc. Mais la meilleure partie était à la fin: il dit que cet homme était en fait un centaure qui a maîtrisé la technique de la métamorphose! Pouvez-vous imaginer comment on peut prendre l'affaire au sérieux alors qu'il n'y a qu'un galimatias...?

Ils ne rentrèrent qu'au milieu de la nuit. La soirée était assez agréable et en plus Siranoush a proposé de garder l'enfant pendant l'audience au tribunal. Marianna monta dans la voiture et demanda:

—Penses-tu que c'est une bonne idée de laisser *Lyocha* avec Siranoush?

—Pourquoi pas? Surtout qu'il n'y a personne d'autre.

—Je ne sais pas... Laisser un enfant avec un enfant...

Pavlik ria:

—C'est de son caractère, elle est simple, rigolote, mais, j'en suis sûr, responsable.

Tout la journée qui suivit, c'est-à-dire le jeudi, chacun se préparait mentalement à l'événement du lendemain.

Le jour tant attendu arriva. *Pavlik*, Marianna et le garçon se rendirent chez Allan.

—Tu sais, *Pasha*, même le jour de mon mariage je n'avais pas autant stressée qu'aujourd'hui, dit Marianna.

—Merci, très rassurant, répondit *Pavlik*.

Ils se rendirent chez leurs amis, laissèrent Alexeï, prirent leur témoin Allan, puis passèrent récupérer mamie Louba et se rendirent au tribunal. Indila, la directrice et la nounou de la maison d'enfants arrivèrent également. La grand-mère serra la jeune fille dans ses bras, pleura elle-même, sans savoir si c'était de bonheur ou de chagrin. Pavel tournait en rond dans le couloir. Marianna et Allan étaient assis un peu plus loin. Ils discutèrent du grand jour et de bien d'autres choses encore.

C'était l'heure du procès. Indila resta avec la nounou à attendre dans le couloir. La directrice, ainsi que tous les autres, entrèrent dans la salle.

La réunion fut assez longue. Finalement, la porte s'ouvrit. La directrice sortit la première, elle s'assit à côté d'Indila et la serra dans ses bras. Allan et Marianna sortirent juste après elle, ils avaient l'air d'avoir subi un gros choc, mais on ne lisait pas forcément de la tristesse. La directrice chuchota :

—Bon courage à toi.

C'est alors que la grand-mère sortit. Indila se précipita immédiatement vers elle :

—Alors, on t'a accordé l'adoption ?

—Moi… Non, pas vraiment.

La fillette était abasourdie. Elle n'arrivait pas à comprendre quelle était la décision de la cour.

Puis *Pavlik* sortit en courant. Il souriait jusqu'aux oreilles, et ses yeux étaient humides. Mais c'était des larmes de joie. Il la prit dans ses bras et la serra contre lui.

—Alors, quelle est la décision ?, stressait l'enfant.

—On m'a accordé ton adoption!, répondit Pavel.

—Toi?

CHAPITRE 6 : PAPACHA ET SES AMIS

Grand-mère et *Pavlik* emmenèrent directement Indila, mais devaient la retourner à l'orphelinat dans la soirée. Tout le monde monta dans la voiture et partit.

—Mais comment se fait-il que ce soit à toi qu'on a accordé l'adoption ?, demanda la fille.

—Moi non plus, d'ailleurs, je n'ai pas compris, dit Allan. À ce que je sache, la différence d'âge entre un adoptant non marié et l'enfant à adopter doit généralement être d'au moins seize ans.

—Oui, mais le juge a dit que la différence d'âge entre lui et l'enfant qui est adopté doit être d'au moins quinze ans. Sauf si le tribunal a une raison légitime de réduire cette différence, alors c'est possible, réagit Marianna.

—Nous, c'est précisément quinze ans, déclara Pavel.

—Mais pourquoi pas *Babouchk*a ?, Indila ne comprenait toujours pas jusqu'au bout.

—Je ne le sais pas exactement moi-même, répondit mamie Louba. Mais d'après ce que j'ai compris, je n'ai pas un revenu minimum suffisant pour ta subsistance, ou quelque chose comme ça.

—Oui, ils ont dit que c'était impossible pour elle, le policier commença le récit. Mais ton *papacha*[24] s'est levé brusquement, et cria quelque chose comme quoi il trouverait un moyen de te récupérer quoi qu'il arrive. Puis la directrice s'est levée. Elle a dit que tu parlais toujours de lui. Et la juge a mentionné que si l'enfant est attaché à la personne qui veut l'adopter, par exemple, s'il la considère comme son père, la différence d'âge peut être réduite.

—Puis la juge a demandé si *Pasha* avait tous les documents avec lui, et bien sûr, il les avait, alors à son nom, terminé le récit la jeune femme.

—Bref, ce que je sais, c'est que maintenant je dois faire une formation d'éducation parentale, et je ne sais même pas combien de temps ça va durer. La juge dit entre trente et quatre-vingts heures. Ce n'est que quand j'aurai mon certificat que nous pourrons te reprendre pour de bon, Indila.

Il emmena les filles chez la grand-mère, et il partit ramener Allan et reprendre Alexeï.

—Dis, pourquoi Marianna vit avec toi?, posa la question Allan. Je veux dire, ce ne sont pas mes affaires, mais tu as tendance à m'intriguer de plus en plus à chaque fois.

—Ben, elle ne s'est pas mariée par amour, mais parce qu'elle n'avait pas le choix à l'époque, je l'ai juste accueillie. Premièrement, il serait immoral de ne pas aider, et deuxièmement, elle est mon amie d'enfance quand même.

—Je vois. Donc il n'y a rien entre vous deux?

—Hmm... On s'est embrassé une ou deux fois.

—C'est tout?

—C'est tout. Que veux-tu d'autre?

—Non, non. Rien. De la simple curiosité.

—Pour le coup, il n'y a vraiment rien de très intéressant là-dedans..., Mais les pensées de Pavel étaient ailleurs, il ne prêta pas attention aux paroles d'Allan. Après un court silence, il ajouta: Au fait, quand nous aurons enfin récupéré Indila, nous ferons la fête.

—Ça marche!

Ils arrivèrent à la maison. Pavel prit l'enfant et repartit.

Après le déjeuner, mamie et Marianna jouèrent à des jeux de société avec Indila, et *Pavlik* se rendit au centre, où il allait suivre sa formation pour les adoptants, et s' inscrit en urgence pour la semaine suivante. Le soir, il emmena Indila à l'orphelinat.

Tout le samedi, et le dimanche matin, *Pavlik* regardait des vidéos sur cette formation, pour être préparé, et pour avoir le moins d'heures possible pour récupérer Indila au plus vite. Vers le soir, il proposa à Marianna de faire une promenade avec le bébé au centre. Ils prirent la poussette, et ils partirent.

Après vingt minutes de marche, ils arrivèrent au milieu de la place principale. Marianna s'arrêta brusquement.

—Qu'est-ce qu'il y a ?, demanda *Pavlik*.

Elle pointa de la main la direction des boutiques, où entre deux magasins, il y avait un petit passage dans une ruelle sombre. De là vint et s'arrêta dans l'ombre une silhouette qui regardait droit sur eux. On aurait dit qu'elle les guettait. Ils plissèrent les yeux et comprirent rapidement de qui il s'agissait.

—Qu'est-ce qu'il fait là ?, demanda *Pavlik*.

—On peut s'attendre à tout avec lui.

—Peut-être qu'il nous suit?

—Ce serait trop malin pour André, répondit Marianna.

À ce moment-là, l'ombre leur fit signe de s'approcher. Après en avoir parlé rapidement, ils décidèrent de se rapprocher un peu plus.

—Et alors, vous avez déposé la demandé de divorce ?, la question sarcastique vint de l'ombre.

—Oui, répondit Marianna avec fermeté.

—Si tu penses que je vais courir après toi et essayer de te faire revenir, tu te trompes complètement. Et contrairement à toi, j'ai un cerveau, et je sais que tout ton jeu n'est que du chantage, et que tu n'a envoyé les documents nulle part, André déclara avec suffisance ses déductions.

Marianna et *Pavlik* échangèrent un regard.

—Tu es complètement idiot?, demanda Pavel. D'ici deux ou trois semaines au plus, il y aura une réponse.

Pendant ce temps, Marianna ouvrit le mail avec la confirmation de réception de documents.

—Hallucinant! Vous auriez pu me demander mon avis avant quand même?

—Tu as toi-même signé tous les documents!, dit Marianna.

André s'approché, prit la jeune femme par l'avant-bras, l'attirée vers lui et fit:

—Qu'est-ce qui te fait croire que je vais t'accorder le divorce?

—André, l'apostropha Pavel. La dernière fois n'était-elle pas suffisante pour toi? La fois dernière, j'ai fait clé de bras, cette fois je peux casser aussi. Elle obtiendra de toute façon le divorce, que ce soit par le biais du tribunal ou du bureau d'enregistrement, que tu le veuilles ou non. Alors tu ferais mieux d'accepter.

André continua de fixer *Pavlik* de ses yeux cendrés.

—Laisse la jeune femme gentiment, et va où tu allais, ajouta *Pavlik*. C'est où que tu allais d'ailleurs?

—Où ça? Au travail.

—Un dimanche?

—Écoute-moi, tu m'as pris mes études, tu m'as pris le travail de mes rêves, tu m'as pris ma femme! Et en plus, tu oses demander "un dimanche?" comme si j'aimais ça, il relâcha et poussa Marianna, de sorte à ce qu'elle se soit littéralement envolée, pendant qu'André se jeta sur *Pavlik*. Qu'est-ce qui va arriver ensuite? Hein? Vas-y, réponds-moi, qu'est-ce que tu veux de moi?

—Hé, attention, la poussette!, s'écria *Pavlik*.

André s'arrêta un moment, décala la poussette dans la direction de la jeune femme, et continua:

—Et du coup? Raconte-moi, ne sois pas timide, dis, qu'est-ce que je t'ai fait pour que tu me prennes tout ce que j'avais?, il marchait droit sur *Pavlik*, qui reculait lentement. André l'attrapa par le col. Parle!

—Tu sais, de nos jours, les gens savent communiquer en discutant. Tout ne se résout pas par un combat. D'autant plus que je dois aller en formation demain, alors ce n'est ni le meilleur moment ni le meilleur endroit pour une bagarre. Tu ne crois pas?

André regarda autour de lui. Ils étaient en plein centre de la ville, entourés de passants.

—M'en fous! Tu n'as aucune idée du temps que j'ai passé à rêver de me venger!

—Attends, de te venger? Mais pour quoi?

—Pour mon travail!

—Je ne comprends pas, de quoi tu parles?

—Oh, tu ne comprends pas!? Bien sûr! Ce n'est pas comme si c'était toi qui m'avait pris mon métier!

—C'est-à-dire?

—Lequel d'entre nous, pendant des années, a voulu être journaliste?

—Toi.

—Oui. Pourquoi n'ai-je pas été accepté?

—Parce que tu as raté tes examens.

—Oui. Et tu sais quel était mon rang, d'après mes notes? Deux cent premier, sur 200!

—Qu'est-ce que ça a à voir avec moi?

—Tout. Tu ne savais pas où aller, alors tu es venu avec moi aux examens. Si tu n'avais pas été là, j'aurais été à la 200e place! J'aurais réussi! Tout ça à cause de toi!

—Mais j'étais à la treizième place!

—Et alors? Si tu n'étais pas là, j'aurais réussi!

—Six mois plus tard, tu serais exclu de toute façon, avec tes notes!

—Pas. C'est de ta faute! Et à cause de toi, je dois aller au travail maintenant, avec ces horaires débiles! Et tu m'as pris ma femme! Et maintenant, je vais en plus être en retard au travail à cause de toi. Qu'est-ce que tu as de mieux que moi?

—Par exemple, je ne crie pas au milieu de la place publique que je n'ai pas réussi à intégrer une fac, et je ne blâme personne, répondit Pavel calmement et intelligemment.

André regarda autour de lui. Tout un groupe de personnes se tenait autour et l'observait. Il relâcha le col de *Pavlik* et fit deux pas en arrière.

—Nous n'avons pas encore fini avec toi, il se retourna et partit.

—Je suis désolé que tu n'aies pas été accepté, ajouta Pavel, à voix basse mais sincèrement.

André s'arrêta. Il ne se retourna pas, et après quelques secondes, il continua à marcher.

Marianna, toujours assise par terre et écoutant attentivement depuis le début, essaya de se lever. Elle se tordit la cheville, mais il n'y avait rien de grave. Ils continuèrent à marcher en discutant de la scène à laquelle ils venaient d'assister.

—Je ne savais pas que pendant tout ce temps, il me détestait.

—Je le savais.

—C'est vrai ? Pourquoi tu ne m'as rien dit ?

—Honnêtement, je pensais que tu le savais parce qu'André ne manque jamais une occasion de le rappeler.

—Eh bien, la promenade n'a pas servi à rien, j'ai appris quelque chose de nouveau.

Après un tour de la ville, ils rentrèrent chez eux.

Lundi matin, *Pavlik* se rendit en formation. Sa préparation n'a pas été vaine, car après avoir expliqué la situation et démontré ses compétences, *Pavlik* reçut le nombre minimum d'heures, c'est-à-dire trente. On lui dit qu'il aura fini en une semaine.

Aussi, ce jour-là, le maire l'appela. Il dit qu'une fois que *Pavlik* aura récupéré Indila et qu'ils auraient préparé la chambre pour elle, il viendra faire le tournage. C'est ainsi que cette semaine, ils ont dû acheter tout ce qu'il fallait pour l'intérieur complet de la chambre d'enfant, et faire une révision totale.

Aujourd'hui, tout se passa bien. *Pavlik* avait huit heures de cours le lundi et le mardi, et sept heures le jeudi et le vendredi. En arrivant chez lui, le jeune homme appela l'orphelinat et dit que le mercredi, il avait besoin d'Indila pour toute la journée. Depuis la décision de justice, Indila était déjà en quelque sorte adoptée, donc ce n'était plus un problème pour la directrice de laisser l'enfant partir toute la journée.

Mardi, *Pavlik* fit naturellement sa formation. Allan, ce jour-là, avait un jour de congé. Il proposa à Marianna de venir les voir, Siranoush et lui, comme on dit "ensemble c'est plus joyeux"[25]. Elle accepta l'invitation et prit le bus avec Alexeï pour se rendre chez eux.

Le soir, Pavel vint chercher Marianna et resta pour le thé. En raison de la situation d'Indila, les jeunes gens se rencontraient très souvent et ils sont devenus de très bons amis.

Mercredi, de bonheur, *Pavlik* partit avec Indila et la grand-mère au magasin. Ils achetèrent d'abord à Indila un vrai petit lit de princesse et des draps, puis des fournitures scolaires, car l'automne arrivera très vite, et un vélo, que Indila voulait depuis longtemps. Le soir, la jeune fille fut retournée à l'orphelinat.

Deux jours passèrent enfin et *Pavlik* obtint, bien évidemment, son certificat. Le vendredi soir, *Pavlik* vint chercher Indila. Il était maintenant son papa à part entière.

La jeune fille passa la nuit chez sa grand-mère, et au matin, *Pavlik* arriva avec Marianna et Alexeï. Tous commencèrent à réparer la chambre ensemble: ils arrachèrent le papier peint, en posèrent de nouveaux, installèrent le lit et l'armoire, accrochèrent les rideaux, rangèrent les vêtements et les jouets.

Ils terminèrent à quatre heures de l'après-midi. Tout le

monde se tenait dans la petite chambre et contemplait le fruit de leur travail.

—Beau travail!, mamie était satisfaite à la fin de cette rénovation.

—Parce que nous sommes quatre, et que nous avons fait équipe!, acquiesça la fillette.

—Oh! Il faut nourrir les animaux!, mamie Louba reprit ses esprits et courut dans les escaliers.

—Je vais aller l'aider pendant que Alexeï dort, dit Marianna.

—Il y a une énergie très positive ici, remarqua la jeune fille. De fortes vibrations, elle ferma les yeux, leva les mains et inhala profondément. Puis, ce moment de calme passa, et l'enfant réapparut.

Pavlik observait Indila, elle était vraiment heureuse: la fillette courait, sautait, tournait, riait. Il la regardait et était heureux. Elle sauta sur le lit, puis se jeta sur *Pavlik*:

—Je suis si heureuse de ne plus avoir à rester plantée à attendre que tu viennes me chercher!

—Moi aussi!

Quelques instants plus tard, *Pavlik* dit:

—Pendant que *Babouchka* et Marianna nourrissent les animaux, allons préparer des croquettes pour nous!

Indila éclata de rire et ils descendirent dans la cuisine.

Pavlik appela Allan et l'invita, avec sa sœur, pour déjeuner demain en l'occasion de la fête du retour d'Indila.

Le soir, *Pavlik* est parti avec Marianna et le bébé, et le lendemain, à dix heures du matin, ils reviennent pour aider mamie Louba à préparer un somptueux déjeuner.

Vers midi, le policier et sa sœur arrivèrent. Ils apportèrent des cadeaux pour la fille, et un gâteau. Mamie Louba fit la connaissance de Siranoush, qu'elle apprécia beaucoup, et avec qui elle conversa pendant presque toute la soirée. Allan et Marianna échangeaient de fréquents regards et des sourires fugaces...

Pendant que les adultes discutaient, Indila partit jouer dans la cour. Depuis l'époque de *Pavlik*, une partie de la cour était réservée à la ferme et une autre partie était restée pour les jeux. Ils étaient séparés par une clôture avec de la haie. Il y avait une structure faite de tuyaux. Une échelle en fer faisait partie de ce pays des merveilles, ainsi qu'une longue barre horizontale à laquelle étaient suspendues des balançoires et une échelle suspendue. La fille faisait de la balançoire quand elle entendit des bruits de pas. Allan et Marianna sortirent de la maison et parlèrent pendant un certain temps. Indila n'avait pas entendu le début de la conversation, mais elle capta tout de même de nombreux éléments.

—Marianna, tu m'as tellement plu dès le premier regard, dès notre rencontre au café. Les fois suivantes où je t'ai vu, il était difficile de décrire à quel point il était difficile de détacher mes yeux de toi.

—Toi aussi, je t'aimais bien, et beaucoup, mais...

—Dis-moi, est-ce que toi et *Pasha*, vous êtes un couple ?

—Je ne sais pas, je pense que nous évitons tous les deux d'en parler. C'est la meilleure personne que j'aie jamais rencontrée. Je lui en suis très reconnaissante. Tu ne peux pas t'imaginer tout ce qu'il a fait pour nous, avec *Lyocha*, tout ce qu'il a fait pour moi !

—Je suis d'accord pour dire que c'est une personne formidable, mais si tu ne l'aimes pas en tant qu'homme, à quoi sert de vivre sa vie en souffrance ? Je sais que tu as quitté ton ex-mari pour exactement la même raison. Penses-tu que ça vaut la peine de répéter l'erreur ?

—Je sais... Mais je ne suis pas capable de le dire comme ça. Et sortir derrière son dos encore moins. C'est le pire des péchés !

—Oui, tu as tout à fait raison. Tu es une personne gentille et honnête, et c'est pourquoi je t'apprécie tant. Veux-tu que je lui en parle moi-même?

—Non, ne le fais pas, elle attrapa son coude.

—Bien, comme tu le souhaiteras. Mais si tu changes d'avis, je suis dans le coin, il déposa un baiser sur sa main et se dirigea vers la maison.

Marianna s'assit sur la chaise longue qui se trouvait dans la cour. Les larmes lui montent aux yeux. "Mais pourquoi est-ce que c'est comme ça? Un jour, personne, le lendemain, tous à la fois!". Puis elle remarqua Indila dans la cour, et s'approcha d'elle.

—Comment vas-tu, ma petite?

—Bien.

—Est-ce que tu veux que je te pousse?

—Yes!, ses grands yeux verts s'illuminèrent.

Après un moment, Indila dit:

—Agis de manière intuitive.

—Comment? Qu'est-ce que ça veut dire?

—Ça signifie ne pas ressasser le problème pendant longtemps. Il suffit de ressentir, de se demander "Qu'est-ce que je veux, moi?", et d'écouter la réponse.

—Oui, tu as raison… Attends, Indila, de quoi tu parles?

—Il m'arrive de recevoir des "messages" de forces supérieures, par des rêves en quelque sorte, et quand j'en ai l'occasion, je les transmets à la bonne personne. Tu te souviens de ce que j'avais dit sur les fleurs?

Elle se souvenait.

Marianna et Indila rentrèrent. Mamie Louba coupa les grands gâteaux, répartit des pâtisseries, des bonbons et d'autres sucreries sur la table. Tout le monde profita des délicieux desserts.

Puis, Indila appela *Pavlik* dans une pièce à part.

—Quel est ton rapport à Marianna ?, demanda-t-elle.

—Un bon rapport. C'est une personne très gentille.

—Avec un passé dur sur les épaules…

—Oui. Mais comment tu… Quoique. Je devrais y être habitué, pourtant, dit-il en riant.

—Oui. Mais je veux dire, qui est-elle pour toi ? Qui est-t-elle pour toi ?

—Oh, Indila, si tu savais... C'est un peu ridicule pour moi de discuter de cela avec un enfant, mais tu es une fille spéciale. En fait, j'y pense moi-même depuis des semaines. Mais malheureusement, je ne sais pas. Au début, nous faisions comme si on était un couple, mais je réalise de plus en plus qu'elle est comme de la famille pour moi, tu sais ? Donc je ne sais pas comment lui en parler. Je ne sais pas comment elle va le prendre. Pourquoi tu demandes ?

—En fait, deux fleurs merveilleuses s'aiment... Et il se trouve que tous les trois, deux fleurs et le soleil, vous souffrez, à cause d'un problème qui n'existe pas ! Marianna a aussi peur de t'en parler !

—Vraiment ?

—Ça ne pourrait pas être plus vrai.

—Comment tu le sais ?

—Eh bien, de un, je le sens...

—Je devrais vraiment m'habituer à ça.

—De deux, je l'ai vu dans mon rêve. Et de trois, je l'ai moi-même entendu !

—Je vois. Et qui est la troisième personne du coup ?

Indila le regarda en souriant. Pavel se gratta la tête et il prit soudainement conscience :

—Allan !?

—Exactement, répondit la jeune fille presque moqueuse. Elle était surprise qu'il n'ait rien remarqué jusqu'à présent.

Pavel se leva de son siège et commence à arpenter la pièce :

—Mince ! C'était si simple. J'aurais pu m'en douter ! Il n'arrêtait pas de me demander des choses sur nous, et il était content quand il a découvert que nous n'étions pas mariés ! Purée, c'est si bête !, il jeta un coup d'œil autour de lui et se rendit compte qu'Indila n'était plus là depuis longtemps... Elle a ce don d'apparaître au bon endroit au bon moment, et de laisser seul quand il le faut, Pavel rit de toute cette situation.

En descendant dans le hall, Pavel remarqua que Marianna et Allan étaient assis à deux extrémités différentes de la table. Allan essayait de sourire, Marianna essayait également de faire comme si tout allait bien, mais pour quelqu'un qui connaissait la situation, il était facile de voir qu'ils n'étaient pas très doués pour faire semblant. Une fois de plus, il se surprit à rire, mais essaya de se retenir.

Le soir, une fois rentrés, Marianna mit Alexeï au lit et vint dans la cuisine voir *Pavlik* :

—*Pasha*, je voulais te parler, c'est important…

Il savait qu'elle était réservée et timide, il était donc content qu'elle se surpasse et vienne parler.

—Je t'écoute.

—Tu vois, tu seras toujours une personne sainte pour moi… Mais il est temps pour nous de comprendre où nous en sommes dans notre relation…

—Marianna, je ne te tourmenterai pas davantage, et je suis fier de toi pour avoir pris le courage de venir en première en parler.

—Oui, mais je…

—Attends, je n'ai pas fini. Je suis au courant pour Allan et toi, et je vous bénis.

—Vraiment ? Je suis si heureuse !, ses larmes coulèrent à flots. Mais comment tu sais ?

—Ma fille me l'a dit, sourit-il.

—À toi aussi ?

—Comment ça, moi aussi ?

—Je n'aurais pas osé venir et parler s'il n'y avait pas elle ! Indila m'a dit de me demander ce que je voulais et d'écouter la réponse. Je ne voulais pas marcher sur le même râteau une deuxième fois, et vivre avec quelqu'un que je n'aimais pas! Enfin, je veux dire, comme un homme...

—J'ai compris, j'avais le même problème, et je n'ai pas osé parler. Je suis fier de toi, il s'approcha d'elle et l'embrassa sur le front.

Marianna le serra dans ses bras:

—Tu es la meilleure personne... du monde entier!

Derrière tout cela, ils n'entendirent pas qu'on avait frappé à la porte, qui s'était déjà ouverte:

—Je vois. Je reviendrai une autre fois, lança Allan, et il referma la porte de l'extérieur.

La sortie de la cuisine était dans le couloir, donc Allan n'eut le temps de voir que la joyeuse fin.

—Oh non!, s'exclama Marianna en renversant sa tête en arrière.

Pavlik ne put s'empêcher de rire. Il se précipita immédiatement vers la porte, et rattrapa Allan dans les escaliers.

Bientôt, les hommes, discutant de la situation, remontèrent à l'étage, où Marianna les attendait sur le palier.

—Mais je ne comprends toujours pas, si tu ne l'aimes pas, pourquoi l'as-tu accueillie?

—Bah, imagine, si Siranoush quittait un homme inadéquat et qu'elle n'avait nulle part où aller, tu l'accueillerais immédiatement. N'est-ce pas?

—Bien sûr, mais Marianna n'est pas ta soeur, non?

—Non, mais nous sommes amis d'enfance, répondit Marianna, Ce qui est un sentiment tout aussi fort.

Marianna et *Pavlik* racontèrent ce qui venait de se passer, et Allan ne doutait pas un seul instant de l'authenticité de ce récit.

—Mais j'ai une question pour toi, dit *Pavlik* en riant. Qu'est-ce qui t'amène au milieu de la nuit ? On vient tout juste de se quitter...

—J'ai réfléchi, et j'ai décidé que je ne voulais pas voir Marianna souffrir et que je voulais te parler, et sans tarder plus.

—Eh bien, oui, tu as raison, Pavel approuva.

—Figure-toi, *papacha*, que c'est ta fillette qui m'a suggéré ça !

Les trois rirent de bon cœur.

—Indila a donc donné des conseils à chacun d'entre nous et nous avons suivi ce que cette enfant nous a dit pour trouver une issue à une situation aussi confuse et bête surtout !

—Donc je ne suis pas le seul ?, redemanda Allan, mais il n'entendit que des rires en réponse.

Soudain, Marianna fut comme électrisée :

—La porte a claqué ! Et *Lyocha* est à l'intérieur ! Que faire ?

—Enfoncer ?, suggéra Allan.

—Ou on pourrait aller chez maman. Elle a un double.

—C'est vraiment ce que l'on appelle de la malchance !, dit Marianna. Elle était plus nerveuse que les autres, car il s'agissait quand même de son fils.

—J'ai un pied de biche dans le coffre si tu en as besoin.

—Tu le portes avec toi ?, s'étonna Marianna.

—Ma fille, dans notre pays, chaque homme a un un pied de biche dans son coffre !, l'éclaira Pavel.

—Mais pourquoi ?

—Pour tous les aléas de la vie !, reprit le policier.

—Attendez, pas besoin de pied de biche. J'ai les clés dans ma poche !, *Pavlik* se souvint.

—Non mais sérieux !, rétorqua la jeune femme.

—Je ne sais pas pourquoi, je pensais que je m'étais déjà changé, et que les clés étaient restées dans mon pantalon…, il déverrouilla rapidement la porte.

Alexeï dormait paisiblement. Les jeunes gens prirent un café. *Pavlik* et Marianna mirent d'accord pour que pour le moment, elle et Alexeï vivraient ici, et que Pavel s'installerait avec mamie Louba et Indila, et que lorsqu'elle voudrait partir, il mettrait l'appartement en location.

Soudain, *Pavlik* reçut un message d'André. Il le lu à haute voix: "Venez sur la grande place demain avec Marianna, à six heures du soir, je veux vous présenter quelqu'un. Vous ne le regretterez pas."

—André, ce n'est pas le mari, si?, Allan émit sa demande de clarification.

—Oui, répondit la jeune femme peu volontiers.

—Qu'est-ce qu'on fait?

—Tu es un policier, alors menottes et emprisonnement!, répondit *Pavlik* avec sarcasme.

—Et toi, tu es journaliste, fais un article sur lui, et la police réagira!

C'était très drôle pour Marianna de regarder deux jeunes hommes décider du sort de son mari.

—Bon aller, maintenant sérieusement. Allan, tu travailles jusqu'à quelle heure demain?, demanda *Pavlik*.

—Jusqu'à cinq heures.

—Alors tu viens avec nous.

—En tant qu'Allan, ou en tant que policier?, demanda-t-il au cas où.

Ça a fait rire tout le monde.

—En fait, comme Allan. Comme son petit ami. Je vais y aller en tant qu'ex-ami et elle en tant qu'ex-femme. Mais avec

André, ça peut vite dégénérer, alors garde ton policier intérieur pas loin..

Le lendemain, Pavel partit au travail pour écrire un scénario pour le maire, s'arrangea avec ses collègues pour le tournage du reportage pour le lendemain. À six heures, tout le monde était sur la place. Alexeï resta avec Siranoush.

Sur le côté gauche de la place se tenait André. Il ne prit même pas la peine de se demander qui était venu avec Marianna et *Pavlik*.

—Salut, mes amis, je voulais vous présenter ma petite amie.

—Tu es sérieux?, s'écria Marianna. Il ne t'est jamais venu à l'esprit que nous nous en fichons? Nous pensions qu'il y avait quelque chose...

Allan prit sa main:

—*Marianatchka*, ne stresse pas, nous allons tous faire connaissance tranquillement.

—Attends, t'es qui en fait?, André finit par enfin le remarquer.

—Allan, mon petit-ami.

—Quel papillon de nuit, dis donc!, renifla son ex-mari.

—Enchanté de faire ta connaissance, quoique, pour être honnête, pas vraiment, dit le policier.

—Mais Marianna, aller, tu te moques de moi. Je t'appelle pour te présenter ma meuf, et tu m'amènes un mec! Mais bon, ma surprise est mieux, finit-il son monologue. Aller, ma petite étoile, sors.

Une fille est sortie d'un tabac. Et pas n'importe comment, avec ostentation. D'abord, sa longue jambe est apparue, puis sa tête, qu'elle a agitée pour que seule sa longue queue couleur cendre soit visible. Lorsqu'elle était complètement sortie, on pouvait voir tout le tableau : haut rouge ouvert, pantalon serré en cuir, sandales sur des talons aiguilles de quinze centimètres. Elle se retourna enfin.

Pavlik avait l'air surpris.

Allan montrait un regard de dégoût.

—Astra!?, s'exclama Marianna. Il y avait de l'horreur dans ses yeux.

—Alors, soeurette, jalouse?, répondit-elle d'un air hautain.

—Comme s'il y avait de quoi!, Marianna prit la main d'Allan et ils partirent.

En réalité, si on comparait l'apparence des deux femmes, elles étaient deux opposées. Marianna avait une coiffure élégante, un simple T-shirt, une jupe qui ondulait dans le vent et arrivait presque jusqu'au genou, et des escarpins plats.

—Tu as beaucoup changé, déclara *Pavlik*.

—Oui. Toi aussi. Je me souviens de toi enfant.

—Mais tu sais, tu m'as beaucoup déçu, et je parle de ton attitude envers ta soeur. Et toi, André, je n'en parle même pas. Alors, petit couple, vous valez l'un l'autre. Je vous souhaite de l'amour, il se retourna et rejoignit ses amis.

Ils montèrent dans la voiture et partirent.

—Je ne l'ai pas vu venir, celle-là, déclara Marianna.

—Je pense qu'ils ont comploté pour t'offenser, répondit Pavel, qui conduisait.

—Ecoutez, j'ai fait quelques recherches sur elle, lança Allan à ses amis. Elle avait une entreprise de production de vêtements, qui a fait faillite. Elle a ouvert ici son salon de beauté, associé à un salon de tatouage.

—Hmm, donc ça a quand même fait faillite, la jeune femme sourit. Je lui avais pourtant dit qu'elle n'allait pas pouvoir le tenir. Mais le salon de beauté, par contre, c'est son truc.

Le lendemain, le maire arriva. Le tournage se passa très bien et fut terminé vers 13 heures.

La maison de grand-mère Louba avait un hall d'entrée et des escaliers menant au premier étage. Au rez-de-chaussée de la maison, il y avait une cuisine avec un hall, une chambre à coucher où la propriétaire dormait elle-même, une salle de bain et des toilettes. Au premier étage, il y avait deux chambres: la plus grande fut aménagée pour Indila, et la plus petite servait de rangement. A partir de cette dernière pièce, tout devait être déplacé au grenier et aménagé pour *Pavlik*. C'est ce qu'on fit cet après-midi.

Lorsqu'il rentra à l'appartement le soir, il vit Marianna

devant son ordinateur portable.

—Salut, qu'est-ce que tu fais?

—Salut, *Pasha*. Eh bien… Je reregarde de vieilles photos.

Pavel s'approcha et s'assis à ses côtés:

—Qui est-ce?

—C'est lui. En sa personne.

—Je vois. Il a l'air solide.

—Hmm, oui. C'est ce que je pensais aussi au début, sourit-elle tristement, et elle passa à la photo suivante, puis à la suivante, et à la suivante…

—Attends, attends!, il l'arrêta. Fais retour.

—Voilà. Je t'en prie.

—Marianna, c'est moi, ou c'est vraiment ta soeur qui marche en arrière-fond en te regardant?

Les sourcils de Marianna se froncèrent et de la sueur perla sur son front.

—C'est Astra. Mais qu'est-ce qu'elle faisait là? On ne vivait même pas dans la même ville. Les chances qu'elle se trouve dans cette ville, à ce moment précis, qu'elle m'ait vue et qu'elle fasse semblant… sont trop faibles.

—Tu as dit que tu lui as tout raconté de ce qui s'était passé et qu'elle a refusé d'aider, c'est ça?

—Eh bien, oui, je lui ai dit en termes généraux. Je suis vraiment choquée par cette photo!

—Tu ne l'avais jamais vue ici avant?

—Depuis que c'est arrivé, je n'ai jamais osé regarder ces photos. J'ai même voulu les supprimer, mais j'ai pensé que je pourrais aller voir la police dans un avenir lointain, alors je les ai laissées.

—Tu penses qu'elle a quelque chose à voir avec ça?

—Je ne sais pas, soupira Marianna.

—Si tu te décides d'en parler à ton policier, peut-être qu'il enquêtera...

EPILOGUE : FIN DE L'ANCIEN, DÉBUT DU NOUVEAU...

3 octobre...

La porte s'ouvrit et une voix d'enfant retentit.

—Maman, on est là, dit une voix masculine.

—*Babouchka*! *Babouchka*! Tu ne vas pas me croire, aujourd'hui j'ai fait le plus beau dessin de la classe!, la fillette se précipita vers mamie Louba et la serra très fort dans ses bras.

—Je n'en doutais pas. Tu as toujours été doué pour le dessin, et maintenant que tu prends des cours d'art, tu dessines encore mieux!, grand-mère Louba sourit.

—*Babouchka*, quand est-ce que les invités arrivent?

—Bientôt!

Vers le soir, les invités arrivèrent: de la famille de grand-mère Louba, *Pavlik*, Marianna et Alexeï, Allan, et même Siranoush.

—*Levons ce verre à notre chère Indila. Grâce à cette petite fille qui a neuf ans aujourd'hui, la vie de nombreuses personnes a changé, et notamment la mienne. Et chaque jour, je suis reconnaissant que le destin m'ait offert un si beau cadeau. Que toutes les fleurs du monde soient pour elle !* [26]

A la fin de la soirée, les proches se dispersèrent. Pavel dit au revoir à ses amis, mais il se révéla qu'ils n'avaient pas l'intention de partir tout de suite. Dehors, Allan lui demanda de fermer les portes derrière lui.

—*Pasha*, nous avons une affaire à voir avec toi, dit Allan.

—Nous voulions te demander de participer à quelque chose... Bien sûr, tu as d'autres choses en ce moment, mais..., essayait de s'exprimer de Marianna.

—Bref, Siranoush raccourcit le processus. Tu viens avec nous pour une enquête ?

—Quelle enquête ?

—Sur la personne grâce à laquelle Alexeï est venu au monde, répondit Marianna.

—Très intéressant, la victime, le policier, l'enquêtrice... Vous êtes sûr d'avoir besoin de moi ? On dirait que je n'ai pas vraiment ma place dans votre trio.

—On aurait besoin de ton ingéniosité, le rassura Allan.

—Allons-y alors.

Il y avait trop de lacunes dans cette histoire étrange. Qui, si ce n'est les meilleurs amis, serait simplement obligé de les remplir ? Surtout que personne ne savait si Marianna n'était pas suivie en ce moment, et si tout le monde autour d'elle n'était en danger depuis si longtemps. Tout le monde n'aurait pas osé le faire, mais il y a un certain type de personnes qui ne sont pas liées par le destin par hasard et qui n'arrivent pas à vivre sans aventures.

Une semaine plus tard, un train décolla. À l'intérieur, quatre jeunes gens se trouvaient, prenant leur départ en quête de vérité...

Printed in Great Britain
by Amazon

29260363R00089